RESISTENCIA Y SUMISIÓN EN CUBA

Notas para un estudio del fenómeno de la disidencia en los países totalitarios y post totalitarios.

COLECCIÓN FÉLIX VARELA # 59

EDICIONES UNIVERSAL, Miami, Florida, 2019

P. JOSÉ CONRADO RODRÍGUEZ

RESISTENCIA Y SUMISIÓN EN CUBA

Notas para un estudio del fenómeno de
la disidencia en los países totalitarios
y post totalitarios.

Copyright © 2018 by José Conrado Rodríguez

———

Primera edición, 2018
Segunda edición, corregida y ampliada, 2019

EDICIONES UNIVERSAL
P.O. Box 450353 (Shenandoah Station)
Miami, FL 33245-0353. USA
e-mail: ediciones@ediciones.com
http://www.ediciones.com
Fundada en 1965

Library of Congress Catalog Card No.: 2018932725
ISBN-10: 1-59388-308-0
ISBN-13: 978-1-59388-308-9

Diseño de la cubierta: Luis García Fresquet

En la cubierta aparecen fotos de los principales escritores que se estudian en este libro: Czeslaw Milosz, (Polonia), Constantin Noica, (Rumanía), Vaclav Havel, (Checoeslovaquia) y Eliseo Alberto Diego (Cuba). También de un Gulag soviético.

Todos los derechos
son reservados. Ninguna parte de
este libro puede ser reproducida o transmitida
en ninguna forma o por ningún medio electrónico o mecánico,
incluyendo fotocopiadoras, grabadoras o sistemas computarizados,
sin el permiso por escrito del autor, excepto en el caso de
breves citas incorporadas en artículos críticos o en
revistas. Para obtener información diríjase a
Ediciones Universal.

ÍNDICE

PRÓLOGO: LOS CUATRO EVANGELISTAS DE
    JOSÉ CONRADO, Carlos Alberto Montaner 9

INTRODUCCIÓN 15

CAPÍTULO I 23

CAPÍTULO II: *EL PENSAMIENTO CAUTIVO*, Czeslaw Milosz 33

CAPÍTULO III: *REZAD POR EL HERMANO ALEJANDRO*,
    Constantin Noica 55

CAPÍTULO IV: *EL PODER DE LOS SIN PODER*,
    Vaclav Havel 69

CAPÍTULO V: *INFORME CONTRA MÍ MISMO*,
    Eliseo Alberto de Diego y García-Marruz 91

CAPÍTULO VI 121
    Mary Douglas: una antropóloga sugestiva 122
    Erich Fromm y el miedo a la libertad 148
    Erikson o la pedagogía del cambio 158
    Martin Seigman o el síndrome de la indefensión aprendida . 162

EPÍLOGO 175

CARTA A FIDEL CASTRO (1994) 189

CARTA A RAÚL CASTRO (5 de febrero, 2009) 193

SEGUNDA CARTA A RAÚL CASTRO (24 de enero, 2018) . 199

Virgen de la Caridad del Cobre.
Patrona de Cuba.

Dedico este trabajo a aquellos que me han engendrado como «padre»: A Felipe y a Carmen, César y Gretel, Wilfredo y Zaimar, Edilberto e Ingrid, Radamés, Raulito, José María, Eduardo, Covita, Cristian, Marcelino, Ángela, Luis, Nelson y los jóvenes de Contramaestre y Palma. Con infinita gratitud.

Y a la memoria de Rodolfito, muerto de cáncer a los 15 años.

«*antes quisiera, no digo yo que se desplomaran las instituciones de los hombres —reyes y emperadores—, los astros mismos del firmamento, que ver caer del pecho humano el sentimiento de la justicia, ese sol del mundo moral*».

D. José de la Luz y Caballero (1799 -1862).

«*No hay viento bueno para el navegante que no sabe a dónde va*».

(Proverbio fenicio)

PRÓLOGO

LOS CUATRO EVANGELISTAS DE JOSÉ CONRADO

Carlos Alberto Montaner

—Papá, ¿el comunismo es malo?
—Cállate, idiota, y sigue nadando

Lo primero es definir la obra y luego identificar al autor.

La obra, sin decirlo, mediante el análisis de cuatro voces diferente, intenta (y logra) precisar por qué el comunismo ha sido una experiencia fallida en donde quiera que se ha intentado, y en qué consiste el malestar que siembra en las sociedades gobernadas por ese sistema. La economía de mercado y la democracia liberal a veces funcionan bien y a veces no tanto, pero el comunismo fracasa siempre. Invariablemente acaba en un reguero de muertos y calabozos. Ése es su sino.

El autor es un sacerdote culto e inteligente. Acaso ha elegido cuatro autores por el notable precedente de los evangelios. La primera vez que escuché hablar de «el cura José Conrado» fue por boca de Felícito Rodríguez, querido amigo de ambos, fallecido prematuramente por culpa de un cáncer extemporáneo, compañero de José Conrado en el seminario religioso en que ambos estudiaron. Recuerdo nítidamente cuando me dijo: «era la mejor cabeza filosófica de todos nosotros». Y Felícito, por cierto, solía discernir con elegancia y profundidad.

Felícito había abandonado el seminario a bordo de Josefina, una bella cubana que estudiaba medicina. Ella hoy es pediatra. Él se hizo técnico anestesista. Se casaron y tuvieron un par de hijos. Él lo explicaba con mucha gracia: «en Cuba ya estaba instalada la revolución. El marxismo-leninismo y el celibato son dos limitaciones tremendas. Yo no podía evitar el marxismo-leninismo, así que liquidé el celibato, pero afortunadamente mantuve la fe».

Luego le pregunté al Dr. Tony Guedes, también médico, mi médico en España, quien, por la misma época había tenido una experiencia parecida a la de Felícito. Creyó sentir el llamado de la vocación religiosa, hasta que apareció Lourdes en el horizonte, una optometrista que, lógicamente, le echó el ojo, y viceversa, otra cubanita chispeante y hermosa. Tony dejó el seminario, y fundó una familia medularmente cristiana con hijas, yernos y nietos ejemplares. Cuando se lo pregunté me repitió la misma opinión de Felícito: «José Conrado era el mejor dotado intelectualmente del grupo».

Este libro lo prueba. Es su tesis doctoral. Lo escribió cuando se vio obligado a salir de Cuba tras tener el valor de remitirle una durísima (y muy justa) carta pública a Fidel Castro. Era una homilía pronunciada en el templo durante la misa. En ese momento José Conrado fungía de párroco en un lugar remoto del atrasado oriente del país. La jerarquía religiosa cubana, encabezada por Ortega Alamino, entonces obispo, luego cardenal, en lugar de respaldarlo, se apresuró a sacarlo del país «para que acabara sus estudios». Todos estaban muy asustados. José Conrado se había atrevido a decir a viva voz lo que pensaban muchos.

Afortunadamente, José Conrado, una vez vinculado a una universidad española, en la que tuvo que luchar contra algunas incomprensiones y cierta resistencia al anticomunismo, insistió en el tema del totalitarismo, pero desde una perspectiva mucho más amplia. Se propuso explicar, insisto en ello, desde diversas perspectivas, por qué el comunismo invariablemente generaba resultados nefastos.

Para él, que era un niño cuando comenzó le revolución, y fue, como casi todos en Cuba, simpatizante del *proceso*, resultaba obvio que las intenciones de Fidel, Raúl y de la plana mayor revolucionaria, habían sido y eran benéficas, pero al tratar de implementarlas, los resultados obtenidos fueron y son atroces desde el punto de vista material y espiritual. Un verdadero desastre.

Pese a su juventud de entonces, José Conrado había aprendido a juzgar las ideologías, a los procesos políticos y a los seres humanos por sus resultados, no por sus propuestas. Demandaba hechos y no dichos. De nada valía querer terminar con la pobreza si la consecuencia final de los remedios puestos en acción era infinitamente peor. Conocía muy bien el viejo refrán español: «el camino del infierno está empedrado de buenas intenciones».

En esta obra José Conrado se aproxima al tema a partir de una convicción basada en una observación serena del fenómeno comunista: lo que sucede en Cuba está cercanamente emparentado a lo acaecido en los demás países que sucumbieron al comunismo.

Aunque es diferente de la experiencia de la desaparecida URSS (la madre patria del marxismo-leninismo convertido en forma de gobierno), o de Polonia, Rumanía y Checoslovaquia, como es razonable esperar de países que tienen historias distintas e idiomas diferentes, los resultados son parecidos. Es el mismo perro con diferente collar.

José Conrado se ha basado en las reflexiones de cuatro escritores acreditados que han padecido la experiencia comunista en varios países: el polaco Czeslaw Milosz, el rumano Constantin Noica, el checo Vaclav Havel, y su compatriota cubano Eliseo Alberto de Diego García Marruz («*Lichi*» para sus amigos), a quien conviene identificar por sus dos apellidos, dado que desciende por ambas partes de dos destacadas familias de intelectuales, lo que en Cuba significa proceder de una especial prosapia.

De Milosz, nacido en 1911, muerto en 2004, quien fue, fundamentalmente, un poeta, Premio Nobel de Literatura en 1980, José Conrado toma su gran ensayo *La mente cautiva* (1953), dedicado a explorar las reacciones de los intelectuales bajo el totalitarismo y su nefasta capacidad de racionalizar la represión para adaptarse a ella. La obra tiene mucho de introspección, dado que el autor, diplomático, fue parte del sistema hasta que desertó en 1951, aunque nunca militó en el Partido Comunista.

Constantin Noica (1909-1987) fue filósofo por encima de todo. Miembro y tal vez cabeza de una generación única de rumanos talentosísimos pasados por Francia: Mircea Eliade, E. M. Cioran, Eugène Ionesco.

Noica se formó en Bucarest y en París, pero durante la Segunda Guerra mundial vivió y trabajó en Berlín en un instituto cultural rumano-germánico, hasta que en 1944 regresó a su país. En 1949, tras el fin de la guerra y el inicio del régimen comunista, fue desterrado a una ciudad de provincias durante una década. Finalmente, regresó a Bucarest, pero por poco tiempo. Cuando presentó la obra de su amigo y conterráneo E. M. Cioran *Historia y Utopía*, las autoridades comunistas lo condenaron a 25 años de cárcel. Solo cumplió 6, dada la presión internacional y una amnistía decretada tras la muerte del dictador estalinista Gheorghiu-Dej´s y la ascensión al poder de Nicolás Ceaucescu, quien acabaría muy mal, junto a su mujer, tras el fin del comunismo rumano.

José Conrado utiliza el ensayo de Noica *Rezad por el hermano Alejandro*, publicado póstumamente, en 1991, y de él rescata la decencia esencial de su autor, la congruencia que le permitió ser él mismo, sin dobleces, siempre visto con temor por las autoridades comunistas, que jamás le perdonaron que se entregara a servir a unos pocos discípulos, en unos seminarios dictados en su pobre apartamento de inevitable enemigo del régimen.

Vaclav Havel (1936-2011) es el héroe de Checoslovaquia, al decir de José Conrado, «el país de la primavera interrumpida». A diferencia de sus dos antecesores en este estudio, Havel es un activista. Batalla dentro del país por cambiar el destino de Checoslovaquia. Va a la cárcel como un adversario consciente y no como una víctima.

Havel deseaba —y lo fue— ser dramaturgo y no necesariamente Presidente, pero el desplome de la dictadura comunista lo precipitó a aceptar la responsabilidad de encabezar la transición en su país. Prácticamente, salió de la cárcel para ocupar la presidencia en El Castillo. No quería que los pedazos de la tiranía sepultaran al pueblo. Trató de retomar la historia independiente y democrática de Checoslovaquia —unas pocas décadas— dentro de la institucionalidad del país y lo consiguió, aunque no pudo evitar el divorcio amigable entre checos y eslovacos, quienes hoy conviven admirablemente dentro de la Unión Europea.

El cuarto autor es Eliseo Alberto de Diego García-Marruz, «Lichi» (1951-2011), el más joven y el que menos vivió: solo 59 años. *Lichi*, novelista, guionista y ensayista, sorprendió a mundo literario con un libro de memorias parciales titulado *Informe contra mí mismo*. Ahí relata cómo la contrainteligencia le propone, y él acepta, espiar a su padre y al entorno en que éste se movía, dado que la casa de Eliseo Diego, el padre muy querido y respetado, era un objetivo del Ministerio del Interior por el componente intelectual que solía congregarse en ese ambiente.

Lichi admite la tarea por miedo a la capacidad represiva del Estado. Al cabo de un tiempo, seguramente perseguido por el sentimiento de culpa, se lo comunica a su padre. El poeta no se indigna, o, si se indigna, no lo manifiesta. El juego es aceptar como algo inevitable que el Estado lo vigile, y como una circunstancia menor que esa sucia tarea le toque precisamente a su hijo. Cuando puede, *Lichi* se refugia en México.

A José Conrado, que es un rebelde, espiar a su padre y a sus amigos, con razón le parece algo monstruoso, aunque le profesa un gran cariño a toda la familia. La sociedad cubana, movilizada por el miedo, ha llegado a tal grado de abyección que a los agentes del Ministerio del Interior les resulta razonable pedirle a un hijo que espíe a su padre, y el padre y el hijo comprenden que tal barbaridad forma parte de la naturaleza de un sistema que ellos dicen defender.

Estos son los cuatro evangelistas. También traen una «buena nueva». Basta leer el libro para comprobarlo.

José Martí

INTRODUCCIÓN

La estrepitosa caída del comunismo en la desaparecida Unión Soviética y en los países de Europa Oriental, ha sido el más sonado acontecimiento de fin de siglo. 1989 quedará pues, para la historia como aquel 89 memorable que lo precedió, justo doscientos años antes: el que dio comienzo a la Revolución Francesa en 1789, con la destrucción por la población de París, de la Bastilla, símbolo del poder feudal.

Semejantes ríos de tinta, ahora también de celuloide, hondas sonoras y visuales, han corrido desde que las mandarrias y las manos de tantos alemanes dieron al traste con el muro de Berlín. Con el muro se desplomaba una época, la de la Guerra Fría, la época de la confrontación ideológica entre capitalismo y comunismo, entre Oriente y Occidente. El fin, en fin, de un experimento que supo generar un fervor religioso en millones de hombres a lo largo del siglo XX y crear un poderoso imperio que por momentos pareció enseñorearse de todo el mundo. A pesar de todo lo que se ha escrito al respecto, y aun teniendo en cuenta su signo contrario, la caída del muro de Berlín podría compararse, en cuanto a trascendencia histórica y como fuente de reflexión, con la caída de Atenas frente a Esparta, que hace 25 siglos diera origen al mas fecundo período reflexivo de toda la historia occidental: el nacimiento de la filosofía clásica en la Grecia antigua, que bien pudiéramos sintetizar en los nombres de Sócrates, Platón y Aristóteles.

Así vemos como avanza la historia, a trancas y barrancas, entre la acción y la reflexión. Como decía Ludwig Wittgenstein, «los juegos del lenguaje se corresponden con los estilos de vida», y acción y reflexión se condicionan e influyen mutuamente. Participando de ambas, por su orientación a la acción y por su condición de reflexión, la ética nace emparedada entre las dos, alimentándose de su doble carácter: de ser reflexión de la acción y motivación y corrección para la misma. Y es en ese, su doble carácter, donde reside no solo su anfibología, sino su misma especificidad.

Por eso, el doble empeño que nos ocupa en las páginas que siguen, es el de orientar y descubrir la reflexión en su doble condición de orientación y vuelta sobre sí misma. Etimológicamente «re-flexión» indica el ejercicio intelectual de la rumia, del volver sobre las palabras y las cosas para descubrir su sentido y alcanzarlo. El ejercicio de la reflexión está, pues, en vinculación profunda con este empeño de la búsqueda, y el que busca es siempre el hombre que necesita «conocerse a sí mismo», que no solo «es», sino que necesita «saber qué es» y «para qué». En esa búsqueda del sentido, en esa no-aceptación sin más de lo fáctico, se inscribe la razón de ser del fenómeno que nos ocupa como hecho social y como acontecer intelectual.

«Conoceréis la verdad y la verdad os hará libres», esta frase que el Evangelio de Juan pone en boca de Jesús, nos revela un profundísimo y muy rico concepto de la verdad. Desde el punto de vista teológico, esa verdad tiene que ver con la existencia histórica de un hombre, el «Hijo Dios», el Revelador del Padre.[1]

El concepto de la verdad no solo tiene una referencia a la humanidad de Jesús, sino a la realidad de las cosas. En la verdad se da la «patencia del ser» y por eso, Heidegger hablaba del hombre como de un «pastor del ser»[2] esto es, como aquel que deja que el ser sea, que cuida del ser. Para Heidegger, la «aletheia» estaba en relación con el ser, que se le ofrece al hombre en estado de ocultación y encubrimiento. Por eso, el hombre trata de descubrir y desocultar. Pero como ha

---

[1] Como se dice en un versiculo posterior, (8,36): «Por tanto si el Hijo los hace libres, ustedes seran realmente libres» que nos remite a la revelacion de la «verdad sobre el hombre» que se opera en la persona y el mensaje de Jesus de Nazaret, objeto central de la teologia cristiana y el mensaje de fe de las Iglesias.

[2] Heidegger: «*CARTA SOBRE EL HUMANISMO*». Me remito al comentario de J. Habermas en «*El discurso de filosofico de la modernidad*», Taurus, Madrid, 1989, p. 173 y sgtes.

señalado Gadamer: «la desocultación del ente se produce en la sinceridad del lenguaje».[3]

Ambas dimensiones son inseparables: al enfrentarse a la verdad el hombre se revela como «auténtico» y el lenguaje que expresa esa verdad no puede ser otro que el de la «sinceridad». La fidelidad a la verdad, al ser, nos revela al hombre en «su verdad» y en su vocación más profunda: la de quien está llamado a «vivir en la verdad». Es Gadamer quien ha dicho que la verdad no solo se da en el enunciado que la expresa (como ya decían los griegos, en «el juicio»), sino en la pregunta misma que lo motiva como respuesta. Y ambos, enunciado y pregunta, (también según Gadamer) están íntimamente vinculados: «por eso la comprensión de un enunciado tiene como única norma suprema la comprensión de la pregunta a la que responde». Pregunta y respuesta pertenecen a la condición misma del hombre que se cuestiona, «toda pregunta tiene su motivación», y ambas, remiten a la situación que las provoca: «un enunciado encuentra su horizonte de sentido en la situación interrogativa, de la que procede».

El hecho de que nos podamos comprender, a pesar de que cada cual tiene su propio lenguaje, nos remite a la identidad misma del hombre como ser «hermenéutico», como ser en el que, presente y pasado, dialogan y se influyen mutuamente:

> *«Nos entendemos conversando, muchas veces malentendiéndonos, pero al fin y al cabo utilizando las palabras que nos hacen compartir las cosas referidas. El lenguaje posee su propia historicidad. Cada uno de nosotros tiene su propio lenguaje. No existe el problema de un lenguaje común para todos, sino que se produce el milagro de que con diversos lenguajes nos entendemos más allá de las fronteras de los individuos, los pueblos y los tiempos».*[4]

---

[3] H.G. Gadamer, *«VERDAD Y MÉTODO»* II, Ed. Sigueme, Salamanca 1994. p.53.
[4] Ibídem p.61

El tema de la verdad se vuelve clave cuando nos referimos a los hombres y las cosas, porque ambos se nos dan en el universo de la interpretación, y sin esa referencia al contexto, a las circunstancias, no alcanzamos a descubrir el sentido profundo que encierran: «cada enunciado tiene unos presupuestos que él no enuncia. Solo quien medita también sobre estos presupuestos, puede sopesar realmente la verdad de un enunciado».

Es en esa voluntad de descubrir la verdad y en el horizonte en que esa verdad se revela, es donde reside el propósito que me inspira en este trabajo. La fuerza liberadora de la verdad entendida como estilo de vida, como propósito de búsqueda, y como fidelidad a lo que somos tiene una dimensión íntima y está referida al conocimiento de nosotros mismos («la humildad es la verdad», como decía Santa Teresa de Jesús), pero tiene también una dimensión «política», una referencia a lo social, a las relaciones con los demás, en un contexto cultural determinado. La disidencia como fenómeno histórico, político y cultural, está en íntima conexión con el tema de la verdad, como trataremos de descubrir en nuestro trabajo. Si el horizonte que nos imponemos es el de los regímenes totalitarios y post-totalitarios, no podemos olvidar que como fenómeno, no se limita a este solo contexto. La lucha por la justicia que presidió la vida de un Mahatma Gandhi, por ejemplo, en un régimen colonial (y en un cierto sentido, también totalitario) o la acción ético-profética de un Martin Luther King en el marco de la democracia americana, revisten, a mi modo de ver, una manifestación concreta de «disidencia» y enmarcan en contextos muy diversos esa búsqueda de la verdad referida a sociedades culturales, histórica y políticamente muy diversas.

Si reducimos el enfoque es por razones obvias de espacio y tiempo, pero desde ya debo dejar bien en claro que el fenómeno «disidente» va más allá de las fronteras en que lo vamos a estudiar.

He querido referirme a cuatro autores, cada uno de ellos de un país diferente, para estudiar el tema que nos ocupa. Y cuatro obras, cada una de ellas antológica en su propio contexto de origen: «*El pensa-*

miento cautivo»,[5] de Czeslaw Milosz, (Polonia) —Premio Nobel de Literatura en 1980— es la primera en el tiempo, y nos ofrece una visión crítica y lúcida de la época staliniana (el libro fue publicado en Francia en 1953, en vida de Stalin); «*Rogad por el hermano Alejandro*»[6] fue escrito, al salir de la cárcel, por Constantin Noica, (Rumanía) filósofo que estuvo 10 años preso, por leer y dar a leer, un libro publicado por su amigo y compatriota el filósofo Cioran, libro que éste le dedicara y remitiera desde su exilio parisino, ya pertenece a la época post-totalitaria, y fue dado a luz a raíz del primer deshielo que siguió a la muerte de Stalin; «*El poder de los sin poder*»,[7] de Vaclav Havel, (Checoeslovaquia), el actual presidente de la República Checa, (Premio Nobel de la Paz en 1989) es una obra que precede en solo 10 años a la caída del muro de Berlín; «*Informe contra mí mismo*»[8] de Eliseo Alberto Diego (Cuba), el cuarto libro al que haré referencia, publicado en 1997, es posterior a la caída del «Muro de Berlín» y a la desaparición de la Unión Soviética, pero se sitúa en el contexto del único país occidental en que un régimen post-totalitario mantiene las riendas del poder político: Cuba, mi propio país.

Dos de los libros, el de Noica y el de Havel, fueron escritos por sus autores dentro de las fronteras de sus respectivos países. Las obras de Milosz y de Eliseo Alberto son «flores del destierro», aunque en el caso del cubano, actualmente en México[9], este destierro no ha sido absoluto, ya que el autor ha podido regresar a Cuba, de visita, después de publicado su libro. Quizá un signo de los cambios inevitables que la actual situación ha provocado, incluso en un país que sigue siendo gobernado por los comunistas.

---

[5] Czeslaw Milosz, «*EL PENSAMIENTO CAUTIVO*»Tusquets Ed., Barcelona 1981.

[6] (Libro inédito en español, cuya traducción del rumano para este trabajo de grado, agradezco a mi amigo Cristian Ariesanu. El libro espero publicarlo en breve. Las citas son del texto español que obra en mi poder. A. Noica, «*REZAD POR EL HERMANO ALEJANDRO*».

[7] Vaclav Havel, *EL PODER DE LOS SIN PODER*, Ed. Encuentro, Madrid 1990.

[8] Eliseo Alberto Diego, *INFORME CONTRA MI MISMO*, Ed. Alfaguara, Madrid 1997.

[9] N.E. Cuando el autor escribió esta tesis Eliseo Alberto vivía en México. Falleció en julio del 2011.

Quizá deba justificar que el estudio que emprendo sobre la disidencia en los regímenes totalitarios y postotalitarios no sea sobre textos que se hayan dedicado directamente al análisis del problema. Estos cuatro libros se debaten entre el ensayo y la autobiografía. Son libros de frontera. Pero es que también en esto sigo el consejo que da Gadamer: «Sucede así que hay algo en las ciencias del espíritu que no es pensable de igual modo en las ciencias naturales: a veces el investigador puede aprender más del libro de un aficionado que de los libros de otros investigadores».[10] Evidentemente, estos no son «libros de un aficionado». Por su misma naturaleza recogen la «historia de estos hombres en su encuentro con la verdad», como llamaba Gandhi a su autobiografía: ¿y puede haber otro acercamiento que no sea éste, cuando se trata del tema de la verdad, del compromiso ético con la misma? Espero que esta «justificación» resulte innecesaria cuando se termine la lectura de este texto, porque en él quede claro que el aserto es evidente.

Debo añadir, y con esto termino la introducción, que mi lectura de estos autores, la hago desde mi propia experiencia de cubano de la Isla, solo momentáneamente fuera de mi país, a donde pienso regresar en unos meses. «Los juegos del lenguaje» van aquí acompañados de «los estilos de vida», no solo por la intención de los autores, sino por mi propia experiencia de la realidad que pretendo investigar a través de estas obras. Este esfuerzo se realiza desde una perspectiva muy concreta: un «periodismo de investigación» que ilumina la vida desde el pensamiento y que descubre en éste la raíz ética de su análisis socio-político.

El «tomar postura» frente a una realidad como la que subyace a este estudio, forma parte del esfuerzo iluminador del pensamiento en cuanto que inspira la acción: por eso este trabajo se inscribe en el campo de la ética por derecho propio. Como trataremos de poner en evidencia al final de este trabajo de grado, y ya hemos manifestado al

---

[10] Gadamer, op.cit., pág. 56.

referir y conectar el fenómeno de la disidencia con las experiencias del Mahatma Gandhi y de Martin Luther King, el fenómeno de la disidencia en los países totalitarios y postotalitarios, hace referencia indudable, si bien en casos extremos, al compromiso ético y político que nace de la crítica y del afrontamiento de toda realidad injusta, que en lo profundo se refiere también a la «mentira».

«Vivir en la verdad» se convierte así en un imperativo moral: el de saber a dónde se dirige el barco de nuestra vida, personal y colectiva, o a dónde queremos realmente dirigirlo. Las dos citas que presiden este trabajo, quedan así vinculadas en el propósito que lo inspira y en el resultado que pretende. «El sentimiento de la justicia, ese sol del mundo moral», se convierte en la verdad... «ya que no hay viento bueno para el navegante que no sabe a dónde va».

P. Félix Varela

CAPÍTULO I

En este primer capítulo pretendo acercarme al fenómeno «totalitario», tratando de definirlo y de contextualizarlo históricamente. Este doble corte, que va desde el análisis que puede hacer el politólogo que identifica características y señala modelos de organización y acción, hasta la mirada que lanza el historiador, teniendo en cuenta los avatares y aventuras de hombres y nombres, de grupos y sociedades. La estructura y el proceso se condicionan y explican mutuamente, iluminando el campo de estudio.

Para una visión diacrónica

Desde el punto de vista histórico, Francois Furet señala que el totalitarismo, en sus dos versiones principales, la comunista y la nazi-fascista, es un hijo de la Primera Guerra Mundial, de modo particular la Alemania hitleriana y la Unión Soviética de Stalin.[11] Aunque el término aparece por primera vez en 1925, en boca de Mussolini, que exalta ante sus partidarios «nuestra feroz voluntad totalitaria», será utilizado por Goebbels, no así por Hitler, (quizá ante el temor de dar lugar a que crean que él copiaba al Duce). Pero en el plano de la teorización, ya lo asume Erns Junger en 1930, para referirse a la Primera Gran Guerra como «movilización total» del Estado y de los trabajadores, más allá de los profesionales de la guerra. La movilización total supone caer de hecho bajo el reinado de la fatalidad incon-

---

[11] Francois Furet, *EL PASADO DE UNA ILUSIÓN*, FCE, Mejico 1996, p. 185.
(En el libro de Leonard Shapiro (EL TOTALITARISMO, FCE, Mejico 1972) se dice que el primero en utilizar el termino fue G. Gentile, el 8 de mayo de 1925. El discurso de Mussolini fue posterior (el 22 de junio del mismo año).

trolable: «ha convertido a los hombres en esclavos de la técnica y de la propaganda: doble aniquilación de los cuerpos y de los espíritus».[12]

Refiriéndose al análisis de Junger, Carl Schmitt va a referirse también al término. Pero serán los pensadores antinazis y exiliados quienes le den carta de ciudadania plena y lo utilizarán no solo para analizar, sino para denunciar al régimen hitleriano. Desde el pensamiento liberal se utilizará también para referirse al sistema comunista. Y no solo serán los liberales, o los pensadores de derechas, sino los pensadores de la izquierda los que apliquen el término al «experimento staliniano». Pierre Pascal se dice a sí mismo, al recibir a Angelo Tasca en Moscú y oírle comentar la situación de Italia bajo Mussolini, «que le pinta al mismo tiempo y sin saberlo, las características del régimen soviético» y eso en la lejana fecha de 1927. [13] Así hará también K. Kaustky, al comparar al comunismo stalinista con el nacional-socialismo:

> «La meta fundamental de Stalin no es la destrucción del capitalismo, sino la destrucción de la democracia y de las organizaciones políticas y económicas de los trabajadores».

Así dirá en uno de sus escritos de los años treinta. Otto Bauer, en 1936, expresará hablando de la URSS que «la dictadura del proletariado ha adoptado ahí la forma específica de la dictadura totalitaria monopólica del Partido Comunista»[14]. Posteriormente, el término «totalitarismo» pasará al campo de los investigadores sociales en EEUU a través de Hanna Arendt y Franz Neumann.

Quizá convenga que nos detengamos ante el hecho de las relaciones que mantienen ambas ramas del totalitarismo con la guerra, porque de ese vínculo salen algunas de las características esenciales que hacen

---

[12] F. Furet, op. cit p.68.
[13] Ibid. pag. 209 .
[14] Ibid. pag. 186.

del fenómeno totalitario algo nuevo, que los grandes teóricos del pensamiento político y social anteriores no pudieron definir, ni incluso imaginar. Según F. Furet:

> *«hijos de la guerra, el bolchevismo y el fascismo reciben de ella lo elemental. Llevan al terreno de la política el aprendizaje que recibieron en las trincheras: el hábito de violencia, la simplicidad de las pasiones extremas, la sumisión del individuo a la colectividad y, por último, la amargura de los sacrificios inútiles o traicionados».*[15]

Es ese sentimiento de derrota y frustración, que acompañó a los países vencidos por la guerra, o frustrados por la paz, el que se convierte en caldo de cultivo de la experiencia totalitaria. Y el poder del número, de esos millones de hombres unidos «no ya por el ejercicio solitario de un derecho, sino por la tragedia compartida de la servidumbre militar».

Sin duda alguna que el ideal de solidaridad y compañerismo, ese sentimiento de «ser masa» que Elías Canetti ha analizado de manera tan profunda como amplia en su libro «*Masa y Poder*» funcionó como galvanizador de las aspiraciones comunistas por un lado y nazi-facistas por el otro, teniendo a la guerra de catalizador, pero al mismo tiempo, revistiendo en la vida cotidiana y como talante de vida, el típico estilo de «trinchera».

> *«La amenaza consiste en que alguien se arrogue el derecho de matarlo a uno. Cada uno en el propio bando se encuentra bajo la misma amenaza: ella los iguala a todos, la amenaza se dirige a cada uno. A partir de un determinado momento, que para todos es el mismo, aquél de la declaración de guerra, a todos les puede ocurrir lo mismo. El exterminio físico, del que uno se siente habitualmente protegido por la propia sociedad, precisa-*

---

[15] Ibid. pag. 191.

mente por su pertenencia a ella, se le encuentra ahora muy próximo... Mil personas, a cada una de las cuales por separado, pero en el mismo instante, se les dijo: «tú has de morir», se unen para desviar el peligro de la muerte. Procuran atraer rápidamente a todos los que podrían caer bajo la misma amenaza; se reúnen en gran densidad y, para su defensa, se someten a una dirección común de acción».[16]

La «fenomenología» de la guerra se reedita en la vida social, logrando el máximo de sentimiento solidario por el miedo al peligro común, el igualitarismo inducido, la unidad sin fisuras y la necesidad de una acción dirigida y controlada por un jefe. Hay un traslado a la política de los modos y medios de la guerra, esa rara mexcla de fraternidad y ferocidad que califica al «Nosotros» y «vosotros» de toda acción bélica.

Otro elemento que no siempre es suficientemente resaltado en el proceso histórico que dio origen al totalitarismo, es el que se refiere a su vinculación con la voluntad de algunos hombres que tuvieron un papel difícilmente exagerable: los dictadores que los encarnaron. Ellos impusieron su voluntad, en primer lugar al grupo que los siguió, encandilado por la fuerza magnética y arrolladora de su personalidad, eso que Max Weber calificaba como «carisma», y que lograron imponer incluso a sus enemigos y por supuesto, a la sociedad, objeto último de su afán de poder. Una vez que alcanzaron esa meta, tanto Lenin y Stalin como Mussolini y Hitler, ejercieron el mando con un carácter totalmente autocrático. En cierto sentido y por encima de las diferencias ideológicas, hay una sicología común que los iguala. Así, esta comparación que se ha podido hacer de Mussolini con Lenin: «De Lenin posee la vehemencia subversiva, el amor a la violencia, la

---

[16] Elias Canetti, *Masa y poder*, Alianza Ed., Madrid 1987, pag. 67.

obsesión de la toma del poder, la subordinación de cualquier consideración moral a este fin único y hasta la pasión de la escisión».[17]

Voluntad de los caudillos

Contrariamente a como afirma el marxismo, ya no fueron los condicionamientos externos, la realidad económica, los intereses de clase, los que se impusieron, sino la voluntad de estos caudillos de hierro: «El misterio de estos regímenes no puede aclararse a través de intereses sociales, ya que se debe al carácter inverso: a su terrible independencia respecto de esos intereses, sean burgueses o proletarios».[18] Ni la clase obrera tiene mucho que ver con la dictadura del proletariado ni el genocidio judío estaba incluido en el programa de los capitalistas alemanes. Los nuevos dictadores impusieron sus «lógicas» al grupo, clase, pueblo o raza, al que pretendían servir.

Y esta lógica se adapta a una propaganda sencilla y masiva, trasmitiendo emociones que puedan ser compartidas por la sociedad convertida en masa. Lo que se quiere es manipular a las masas con un lenguaje y unas acciones que tienen por objeto movilizar sus pasiones dominantes, y que dará a la lucha política, como ha dicho Francois Furet «una violencia afectiva, una ausencia de escrúpulos y una brutalidad de medios sin precedentes en la historia».

Otra característica que une a ambos totalitarismos es el desprecio por la idea de representación popular, presente en las democracias liberales, y el respeto al imperio de la ley: a ésta se la desprecia por su carácter burgués y porque está al servicio de esta clase. Se exalta a la fuerza «como partera de la historia». Este culto a la violencia, como medio y como fin, hace del totalitarismo un pariente cercano del gansterismo político, con su aguda percepción de la oportunidad. Pero todo esto se da en medio de los contrastes y las oposiciones que debemos señalar:

---

[17] F.Furet, op.cit. pag. 195.
[18] Ibid. pag.194.

«Siguen siendo tácticos, atentos a lo posible, pero también, por otro lado, van al unísono de las pasiones desatadas por la guerra, que comparten y a la vez manipulan. En la época en que la política en Europa da un giro doctrinal, y que el bolchevismo y el fascismo son doctrinas, también se vuelve cada vez más elemental: primero porque transforma ideas en creencias; luego porque todos los medios son buenos, comenzando por el dolor y el asesinato erigidos en virtudes cívicas. Se mata a un ciudadano como en la guerra. Basta que pertenezca a la clase mala o al partido opuesto. La denuncia de la mentira «formal» de la legalidad desemboca en el ejercicio «real» del poder arbitrario y del terror».[19]

Acercamiento sincrónico.

Al referirnos a los aspectos histórico-coyunturales que le ofrecieron una común matriz a los totalitarismos europeos ya hemos ido señalando algunas de las características que definen a este peculiar fenómeno de la historia contemporánea. Mucho ha llovido desde que los historiadores, sociólogos y politólogos de las primeras décadas del siglo se enfrentaron con la, por entonces, nueva realidad «totalitaria». En un primer momento no se sabía qué iba a dar aquello. La caída del nazifascismo en 1945 ofreció la posibilidad de un acercamiento a esa realidad marcada por el horror de los campos de exterminio y los crematorios, la destrucción física y psíquica de pueblos y hombres, en una palabra, el holocausto, no solo del pueblo judío, sino al final, del mismo pueblo alemán y de tantos pueblos víctimas de su violencia descontrolada y de su odio feroz.

Pero lo que sirvió para desenmascarar a uno de los totalitarismos típicos del siglo, sirvió también para encubrir, en cierto sentido, al otro. El «Big Brother» rojo salió con buena fama de la Segunda Guerra Mundial. Fue de los aliados, luchó contra el fascismo, y esto mismo le sirvió de coartada. La larga y martirial historia del pueblo

---

[19] Ibid. pag. 202.

soviético y de las restantes democracias populares de Europa (y otros continentes), son prueba más que fehaciente de cuánto daño hizo al mundo la sobrevivencia del «otro totalitarismo», incluída la Guerra Fría. Eso lo veremos más detenidamente en los próximos capítulos, ahora lo señalamos como de pasada, para luego insistir más en ello.

Ahora nos detendremos en el análisis de los aspectos estructurales, siguiendo un trabajo escrito en colaboración por Carl Friedrich y Zbigniew Brzezinski, «La característica general de la dictadura totalitaria», aparecido en 1965. Un primer acercamiento lleva a estos autores a tratar de definir lo específico de los regímenes totalitarios, no ya desde un punto de vista histórico, sino estructural. Dirán:

«La verdadera diferencia específica, la innovación de los regímenes totalitarios, es la organización y los métodos que se han desarrollado y se aplican con ayuda de los modernos artificios de la técnica con el fin de resucitar aquel control total al servicio de un movimiento de motivaciones ideológicas, cuyo objetivo es la destrucción y la reconstrucción total de una sociedad de masas».[20]

El objetivo del control total no se logra conseguir, pero sus efectos están a la vista: Solzhenitsin, entre otros, se ha referido a las profundas y permanentes consecuencias que este estado de cosas ha tenido sobre el carácter del pueblo ruso. El uso de la tecnología y de los recursos de la ciencia para lograr los objetivos de una ideología que está imbuida de una misión escatológica, de una mística de la historia: el milenarismo explícito del nazismo, vinculado a «la raza elegida» y el mesianismo clasista del proletariado, forman elementos fundamentales y fundantes del proyecto totalitario.

---

[20] Carl Friedrich y Zbigniew Brzezinski, «Las caracteristicas generales de la dictadura totalitaria», (1965) en el libro coordinado por Juan Barniol, *Las ideas democráticas: armas de libertad*, 1998, p.172. Los rasgos fundamentales del sistema totalitario, aparecen en este mismo artículo, p.174-175.

Ha sido Waldemar Gurian, (1902-1954), judío ruso convertido al catolicismo y educado en Alemania, profesor de la Universidad de Notre Dame (USA) y especialista en nazismo y comunismo, quien afirmó que ambas ideologías no podían ser juzgadas como filosofías, sino como instrumentos de acción, fuerzas históricas orientadas a la misma meta: el poder político absoluto del partido que reina sobre un pueblo unido. En esto el nazismo ha llegado a ser más explícito que el bolchevismo: se presenta como una fuerza vital cuyo fin es el poder y que tiene como medio la violencia. El lenguaje leninista «verbaliza» unos vínculos con la razón ilustrada, que su actuación niega y deja atrás, y que para Gurian son como «ese homenaje oculto que el vicio suele dar a la virtud».[21] Ahora bien, el objetivo a cuyo servicio están «el poder y la gloria» es precisamente la de la deconstrucción y reconstrucción de la sociedad de masas, al servicio del ideal de lograr un «hombre nuevo» como señalaban C. Friedrich y Z. Brzezinski en la cita de más arriba. Si estos son, en pocas líneas, los elementos más importantes, vamos ahora a sintetizarlos, siguiendo a Friedrich y Brzezinski, en seis rasgos que pueden ser considerados fundamentales:

1.— Una elaborada ideología que consta de un cuerpo de doctrina oficial y cubre todos los aspectos de la vida humana, y que pretende lograr un estado final perfecto de la humanidad. Esta pretensión milenarista se basa en el rechazo radical de la sociedad anterior y se propone la conquista del mundo para la nueva sociedad. A esta ideología deben adherirse los miembros todos de la sociedad totalitaria, al menos pasivamente.

2.— Un partido de masas único, que suele dirigir un solo hombre, el Führer, Duce o Dictador, conformado por una vanguardia de la

---

[21] F. Furet, op.cit. p.238.

población total, que ha llegado al compromiso con el «proyecto salvífico» y que suele alcanzar hasta un 10 por ciento de la población del país. El partido se halla organizado de manera jerárquica y oligárquica, y suele controlar la burocracia del gobierno o mantener una relación de simbiosis total con la misma.

3.— Un sistema de terror, físico o psíquico, que se ejerce a través del control del partido y de la policía secreta, que apoya pero a un tiempo, supervisa al partido: nadie, fuera del «Big Brother» va a quedar libre de esta red de vigilancia y temor, pero hay grupos y clases que van a ser especialmente vigilados: los intelectuales, las Iglesias, los mismos dirigentes. El terror, sea a la policía secreta o a las presiones sociales ejercidas por el partido, se basa en un empleo sistemático de los métodos de la ciencia y la técnica moderna y en especial de la sicología científica.

4.— Un monopolio tecnológicamente articulado casi completo del partido y del gobierno de todos los medios masivos de comunicación: la prensa escrita, la radio, la televisión y la Cinematografía.

5.— Un control también completo, e igualmente condicionado tecnológicamente, del uso efectivo de todas las armas de combate.

6.— Un control y una dirección centralizados de toda la economía, mediante una densa red burocrática, que se expande por la mayoría de las actividades de asociaciones y grupos, que presupone mecanismos de información, catalogación y cálculo que dependen de la tecnología moderna.

Respecto del control total, que trata de «colonizar y uniformar» el mundo de la vida, convendría recordar lo dicho por Crossman:

«Pero la destrucción de la oposición política nunca es en sí misma una garantía suficiente. Porque inmediatamente que se

lleva a cabo, la oposición se hace subterránea y penetra en todas las organizaciones apolíticas. Los sindicatos, las iglesias, las asociaciones deportivas y hasta las simples reuniones amistosas en casas particulares se convierten en centros de descontento político y como se ha prohibido la oposición constitucional, fácilmente resultan subversivos. Así, un movimiento que se inicia con la intención de eliminar solamente a los enemigos, se ve obligado a suprimir toda forma de asociación voluntaria o colocar ésta bajo el control directo del Estado».[22]

Para concluir, podríamos recordar lo que ha dicho el politólogo italiano Giovanni Sartori, respecto de las diferencias entre democracia y autocracia:

«En el régimen democrático nadie puede elegirse a sí mismo, nadie puede investirse del poder de gobernar y, por lo tanto, nadie puede arrogarse un poder incondicional e ilimitado. La diferencia entre democracia y lo contrario a ella radica en el hecho de que en una democracia el poder está distribuido, limitado, controlado y se ejerce en rotación, mientras que en una autocracia el poder está concentrado, es incontrolado, indefinido e ilimitado. Lo que no es democracia puede resumirse en una sola palabra: autocracia...». [23]

---

[22] R.H.S. Crossman, *Biografía del Estado moderno*, FCE, Mejico 1974, p.307.
[23] G. Sartori, "Aspectos de la Democracia", (1962) en el libro de J. Barniol, op.cit. p.183.

CAPÍTULO II

EL PENSAMIENTO CAUTIVO, Czeslaw Milosz

«El caso polaco»

En los tiempos previos a la Segunda Guerra Mundial, corría por Europa un chiste que pretendía reflejar la ideosincracia de algunos de los principales pueblos de la zona. ¿Desde qué perspectivas y con qué enfoque escribirían sobre el elefante estos señores, según su tradición cultural? El inglés escribiría sobre «La utilización industrial y las mejores vías de comercialización del elefante». Un francés haría un ensayo «sobre el elefante y el arte». El alemán escribiría un «Breve estudio histórico-biológico sobre el elefante», en diez tomos. Y el polaco escribiría un libro sobre «El elefante y el caso polaco».

El chiste revela lo que ha constituido el núcleo de preocupación de este pueblo, situado en la encrucijada histórico-geográfica entre Oriente y Occidente, con una profunda conciencia de su misión histórica y que ha vivido a lo largo de los últimos tres siglos de su vida como pueblo uno de los destinos más trágicos y traumáticos de la Edad Moderna. Polonia ha sido una nación sacrificada a los intereses de las grandes potencias vecinas, sin perder su identidad y luchando por conservarla aun en las peores circunstancias. La «Polonia semper fidelis», no solo lo ha sido a Cristo y a la Iglesia Católico-romana, sino a sí misma, conservando esa su identidad amenazada.

La invasión de Polonia por los nazis, el primero de Septiembre de 1939 marcó el inicio de la Segunda Guerra Mundial. Víctima del totalitarismo facista, Polonia contempló la muerte de muchos de sus hijos y el sojuzgamiento de la Patria que había conocido una corta resurrección política como nación, desde el final de la Primera Guerra Mundial hasta el comienzo de la Segunda. Símbolo de ese desgarramiento nacional sería la destrucción de Varsovia, la ciudad mártir, que se levantó contra el poderío alemán cuando ya casi finalizaba la guerra, mientras el «Ejército Rojo» contemplaba, desde el otro lado del Vístula, a pocos kilómetros de la capital polaca, y siguiendo las órdenes de Stalin, la desaparación de la ciudad. Una vez más, alemanes y rusos se ponían tácitamente de acuerdo para borrar del mapa a los polacos.

Los rusos tenían su plan. Con Varsovia morían no pocos de aquellos partisanos que hicieron frente al totalitarismo facista y hubieran sido igualmente enemigos de ese otro totalitarismo, el comunista. Los soviéticos jugarían con esa ventaja para lograr sus aviesas intenciones de sojuzgamiento contra el pueblo polaco, difícil frontera del gran imperio rojo. La suerte de Polonia estaba echada para los próximos 45 años. Y sería una suerte terrible.

Ya en 1920, la suerte de Polonia estaba echada. Su triunfo sobre los ejércitos soviéticos costó una dura reprimenda a uno de los principales causante del descalabro que sufrieron los rojos: la mayor afrenta cayó sobre José Stalin, que con su indisciplina contribuyó a hacer eficaz el valor de los polacos. Stalin jamás olvidaría esa derrota. La Paz de Riga (1921) que garantizó la independencia de Polonia, solo sería un corto paréntesis en su traumática historia reciente. El pacto de no agresión firmado por Alemania y el gobierno de la Unión Soviética en 1939, ya preveía el reparto de Polonia. El 14 de septiembre del 39 se daría la orden de invasión de la Bielorrusia y la Ucrania del Oeste, que serían rápidamente incorporadas a la URSS.

El brutal asesinato de la oficialidad polaca, enterrada en los bosques de Katyn, al caer Polonia bajo el golpe conjunto de los dos más poderosos ejércitos nacionales de Europa, el soviético y el alemán, fue una de las primeras consecuencias de la derrota polaca. Las brutales represalias contra los ciudadanos polacos refugiados en territorio soviético, (entre ellos el ejército hecho prisionero, compuesto por unos 250 000 militares), las deportaciones a Siberia, los campos de concentración y los trabajos forzados, hicieron muy desventurada la suerte de estos polacos. Ya en esta fecha, en los territorios polacos ocupados, los soviéticos empezaron a ensayar sus métodos de control de la población, a base de la deportación y del establecimiento de un sistema de represión y terror.

Polonia sufrió, quizá como ninguna otra nación del bloque soviético, el más duro sistema de represión centralizada organizado por Moscú. Más allá del odio personal de Stalin, Polonia, por su larga lucha contra los rusos, y por la existencia de una poderosa iglesia que había sustentado a lo largo de siglos la identidad nacional, dándole una estructura no política a la resistencia del pueblo polaco, particularmente «resistente» a los intentos de «integración» al bloque del Este.

Quizá como ningún otro pueblo de Europa Central y Oriental, Polonia unía, a su condición de pueblo eslavo, la fidelidad a los ideales de la cultura occidental, con unos fuertes vínculos afectivos, intelectuales e institucionales no solo con la cultura occidental, sino con la Iglesia de Roma. Polonia era para los soviéticos un hueso duro de roer y por eso la actuación de la URSS en Polonia resulta especialmente paradigmática. Siguiendo el trabajo de Andrzej Paczkowski, (Polonia, la «nación-enemigo») trataremos de fijar las diferentes etapas de este proceso.

A la conquista del Estado o el terror masivo (1947-49).

El Estado comunista en Polonia se estableció gracias a la presencia del Ejército Rojo en el país. Pero además, la NKVD soviética no solo serviría de modelo al sistema de seguridad del nuevo Estado polaco, sino que la presencia de cientos de consejeros soviéticos operarían como una seguridad paralela dentro del territorio nacional. No había otra manera de acceder al poder para el marginal y minoritario grupo comunista polaco. El objetivo prioritario era, pues, vencer la resistencia del pueblo y apoderarse del Estado. Para lograr este objetivo se utilizaron todos los métodos: infiltración, provocación, «pacificación» de territorios, detenciones masivas, fraudes electorales (comenzando por el referendum de junio de 1947), asesinatos, utilización de torturas físicas y mentales y juicios «abiertos», montados al estilo de los «procesos de Moscú». Esta etapa acaba con la fusión del partido socialista al comunista, y la colonización de los antiguos territorios alemanes cedidos a Polonia a raíz de los acuerdos de Yalta.

La sociedad como objetivo de Conquista o el terror generalizado (1948-1956).

En Polonia, como en el resto de los países del bloque del Este, se dieron los mismos pasos: la absorción de los partidos socialistas por los comunistas, con la formación de un sistema de partido único, de *iure o de facto*; la centralización de la gestión económica; industrialización acelerada según el modelo soviético; comienzo de colectivización de la agricultura y la intensificación de la lucha contra la Iglesia, entre otros.

> «Después de 1948, el objeto principal del apartado de seguridad fue aterrorizar y poner bajo su dominio al conjunto de sociedad, incluídos en ella los grupos o medios que sostenían con más o menos celo al régimen. Entramos en un terror global: cualquiera puede acabar siendo objeto de interés activo de la seguridad, o sea su víctima».[24]

A raíz del conflicto de Stalin con Tito en Yugoeslavia, incluso los dirigentes del Partido o del Estado fueron vítimas de la represión. En septiembre del 48 Gomulka, secretario General del Partido Obrero Polaco (comunista) y con él centenares de militantes y altos oficiales de la seguridad, fueron apartados de sus cargos y/o llevados ante los tribunales de justicia. Una amplia red de informadores (74 000) hacía presente la represión por todos los sectores de la sociedad y gracias a sus informaciones se concedía, o no, el acceso de los estudiantes a las carreras universitarias. Particularmente dura fue la acción contra el

---

[24] Stephane Courtois, Nicolas Werta y otros. *EL LIBRO NEGRO DEL COMUNISMO*. Ed.: Planeta-Espasa Calpe; Madrid-Barcelona 1998. El capítulo dedicado a Polonia va de la página 407 a la 440, fue escrito por Andrzej Paczkowski y Karel Bartosek.

campesinado independiente: prisión, confiscación de bienes y colectivización forzada. Al aplastar la resistencia interna de grupos clandestinos, y de cualquier oposición organizada, la Iglesia constituyó el principal blanco de los ataques. En 1950 se comenzó a encarcelar a los obispos. En 1953, incluso el primado, Cardenal Wyzynski, fue enviado a prisión.

> «Era una época en que todo el mundo iba a la cárcel... Se trataba de separar de la vida pública a cualquier oponente potencial y de prohibir cualquier libertad de acción. Los fines principales del sistema de terror generalizado era extender en la sociedad un sentimiento de miedo permanente, favorecer la delación y dividirla hasta la atomización».[25]

A partir de 1953 el sistema comenzó a cambiar. A la muerte de Stalin, 5 de marzo de 1953, y con el proceso de desestalinización que culminaría en el XX Congreso del PCUS en la URSS, (febrero de 1956), y que provocó diversos movimientos de luchas intestinas en el POUP, el aparato de seguridad comenzó a «perder el norte». Como ha dicho Paczkowski: «El sistema de terror general funcionaba, pero a menor escala. Había logrado sus objetivos: los adversarios más activos del régimen habían muerto por millares, y la sociedad, aprendida la lección, sabía en lo sucesivo a qué atenerse por parte de los defensores de la democracia popular».

El socialismo real o el sistema de represión selectivo (1956-1981).
El deshielo postestaliniano significo una nueva estrategia en los servicios de seguridad. El control de la población se hizo más discreto, pero se reforzó en los medios de oposición legal e ilegal, en la Iglesia católica y en los círculos intelectuales. En junio de 1956 la revolución de Poznan dejó un saldo de 70 muertos y centenares de encarcelados.

---

[25] Ibid. pag. 428.

Se había disparado contra los manifestantes desarmados: error que las autoridades se cuidarían de repetir en el futuro.

El trabajo de la seguridad se haría más discreto: reforzando el sistema de control mediante la red de informadores y con medios técnicos de escucha y el control de la correspondencia. El ansia de conseguir pasaportes para la salida del país sería utilizado para buscar «cooperantes» de la seguridad, en especial en medios intelectuales y del mundo cultural. Aunque esta vigilancia y los métodos de infiltración hicieron por décadas imposible la organización de grupos opositores, las huelgas y manifestaciones ocurridas en 1968, 1970, 1976, fueron ampliando el espacio de una disidencia cada vez más organizada y culminó con las revueltas de 1980. Siguiendo el consejo de Jacek Kuron, los huelguistas «no quemaron los comités del partido, sino que organizaron los suyos propios»: así nació el Sindicato Solidaridad, animado por el obrero metalúrgico Lech Walesa.

Estado de guerra: una tentativa de represión generalizada (1981-1986).

Frente a la situación de protesta generalizada y organizada desde el sindicato Solidaridad, la respuesta del General Jaruzelski fue la de declarar la Ley Marcial (12 de Diciembre de 1981).

Bajo las presiones de Breznev, amenazando con una invasión del Pacto de Varsovia, como ocurrió durante la «Primavera de Praga» y frente a la impotencia creciente del Partido Comunista Polaco, ya desmoralizado, la **Ley Marcial supuso una declaración interna de guerra**: se desconectaron los teléfonos, se cerraron las fronteras y las estaciones de gasolina, se hizo necesario un salvoconducto para moverse dentro del país y se puso el toque de queda y la más estricta censura. En 10 días se había controlado la situación.

En la opinión de los analistas políticos, la actuación de Jaruzelski estuvo encaminada a evitar la intervención soviética (así lo llegó a pensar incluso el Papa Juan Pablo II, también polaco).[26] Mientras controlaba la situación interna en relación con los opositores, también intentaba que se mantuvieran ecuánimes los extremistas del partido y de la seguridad, que querían medidas más draconianas aún (incluso llegaron a repartir armas y a crear escuadrones de autodefensa... aunque nadie los atacaba, pues los principios de los disidentes eran pacíficos). Con todo, no dejó de haber actos de violencia, como incendios de apartamentos, destrucción de vehículos, amenazas de muerte, palizas e incluso asesinatos perpetrados por las fuerzas de seguridad. El caso más sonado fue la muerte del Padre Jerzy Popieluzko, consejero de Solidaridad, en octubre de 1984. Pero aún en los peores momentos, los activistas ya sabían que el riesgo era pasar por la cárcel, pero no por mucho tiempo. **El régimen había perdido su capacidad de respuesta contundente.**

Del alto al fuego a la capitulación o el desarrollo del poder (1986-1989).

Al calor de los procesos iniciados en Moscú por el nuevo Secretario General del PCUS, Mijail Gorbachov, el Glasnost y la Perestroika, hacia el final del verano de 1986 ya el gobierno Jaruzelski estaba en la línea de entrar en un proceso serio de negociación. El 11 de septiembre del 86 se liberaron los presos políticos (225 en total) y el 26 de agosto de 1988 se hizo público el inicio de negociaciones con Solidaridad. El proceso hacia la democracia y el desmantelamiento de todo el aparato represivo comunista ya serían imparables.

Como ha dicho A. Paczkoswski: «En Polonia, el sistema comunista nunca estuvo conforme a la legalidad, pero no respetaba ni el derecho internacional ni su propia constitución. Criminal desde su nacimiento

---

[26] Para este punto ver: Bernstein y M. Politi. *SU SANTIDAD*. Ed.: Planeta, Barcelona 1996, paginas de la 471 a 484.

(1944-1956), el sistema siempre estuvo dispuesto a recurrir a la fuerza (comprendida la militar) a gran escala».²⁷

Ceslaw Milosz o la mirada a los ojos de la esfinge.
De todo lo mucho que se ha escrito sobre el totalitarismo, son las novelas las que quizá más se acerquen a la penetración del fenómeno: más que el trabajo de tipo filosófico, o el ensayo. Y atribuyo esto a que es el diálogo, en íntima conexión con los hechos (no solo lo que sucede sino lo que se siente, se piensa y se vive «desde dentro») lo que permite descubrir y entender la polimorfa situación. «*El cero y el infinito*», de Koestler; «*1984*» de Orwel; o «*Antes de que anochezca*» (esa autobiografía tan cercana al delirio) escrita por mi compatriota Reinaldo Arenas, son claros ejemplos de lo que voy diciendo. Quizá el aporte de «*El pensamiento cautivo*» resida en que une ambos aspectos, pues ejemplifica en «tipos» sicológicos muy concretos, (tan concretos que son casos reales, de intelectuales amigos de Milosz) lo que viven y sienten aquellos que han caído en la trampa del infierno totalitario. Hay pues un esfuerzo de comprensión no solo filosófico-intelectual, sino integral: sicológico, moral, social, cultural.

Detrás de los hechos: guerras, victorias, derrotas, mecanismos represivos, está la respuesta del hombre a la situación. El hombre sujeto a las presiones y roto por ellas. Exteriormente estaban los uniformes, las consignas, actitudes y comportamientos cotidianos: pero eso se vivía desde el interior de los individuos. Milosz nos permite asomarnos a ambos con el hilo de Ariadna de su profunda interpretación introspectiva.

A.— LA PÍLDORA DE MURTI-BING.
Contrariamente a la interpretación de algunos, el comunismo no se ha impuesto solo por la fuerza. El análisis de cómo espíritus alertas, hombres inteligentes, como los intelectuales amigos de Milosz, y hasta cierto punto él mismo, fueron cayendo en las trampas del sistema

---

²⁷ Stephane Courtois, Nicolas Werta y otros. Ibídem, 439.

resulta profundamente revelador. Para interpretar lo ocurrido Milosz utiliza la obra de un visionario, una novela escrita por el filósofo, escritor y pintor polaco Stanislaw Witkiewicz y publicada en Varsovia en el año 1932. La novela se llama «*Insaciabilidad*».

La acción de la novela se desarrolla en Europa, entre 1930 y 1960. En un ambiente de locura y erotismo, una sociedad decadente y sicopática se debate en la corrupción. Amenazada por un ejército chino-mongol, esta sociedad de hombres sin fe ni sentido del destino, encuentra una solución a su angustia en una píldora creada por un filósofo mongol: el Murti-Bing: tenía la virtud de tranquilizar los espíritus, quitándoles toda dimensión metafísica y trasmitía la misma «concepción del mundo» que impulsaba al ejército invasor del Oriente. El que la tomaba se volvía sereno y feliz y superaba los problemas más serios que le hubieran atormentado con anterioridad: todo se volvía fácil y sin complicaciones. También desaparecía el miedo al ejército invasor, cada vez más cercano a las fronteras.

Al final ocurre el encuentro de ambos ejércitos: el de Occidente acaba entregándose al de Oriente sin disparar un tiro, para contemplar como su general en jefe es decapitado y toda la vida social es colonizada por los orientales, que impondrán la nueva vida del «murti-bingismo».

Los personajes de la novela, de antiguo atormentados de la «insaciabilidad filosófica», ahora se domestican y se ponen al servicio de la nueva sociedad. Pero como consecuencia de que no pueden olvidar su antigua condición, se convierten en esquizofrénicos.

Para Milosz eso es lo que ocurría en las democracias populares: «por debajo de la actividad y del bullicio de la vida diaria, se halla la conciencia permanente de que es necesario hacer una elección irrevocable. O morir (física o espiritualmente), o renacer conforme a un método prescrito, a saber, la ingestión de píldoras de Murti-Bing».[28]

---

[28] Czeslaw Milosz, *EL PENSAMIENTO CAUTIVO*, Purquants Ed., Barcelona, 1981, p. 34.

Como comenta el mismo Milosz, no se puede entender el triunfo del «murti-bingismo» comunista solo en términos de poder y coerción. También observamos un anhelo interno de armonía y felicidad, que le son ofrecidas al «ciudadano obediente» por lo que Milosz llama «la Nueva Fe». Esa Nueva Fe encandila en especial a los intelectuales, que acaban autoinmolándose a ella. «*Las condiciones de posibilidad*» para que esto ocurra son de carácter cultural y espiritual, histórico y social y Milosz las analiza con detenimiento.

El vacío religioso.
En primer lugar, el vacío religioso. La religión, que antes cohesionó las sociedades, y que daba sentido a la vida desde los labriegos más sencillos hasta los más sofisticados intelectuales y les permitía a unos y a otros una puerta de acceso común a la realidad: un lenguaje común y compartido. Esto provoca en el creador de cultura un sentimiento de desvinculación y abstracción. Pero «pertenecer a las masas es el gran anhelo del intelectual enajenado», y esta posibilidad de acceso a un solo sistema y un mismo lenguaje le resulta particularmente tentador. El «Diamat», el materialismo dialéctico, «ha unido a todos, y la filosofía (es decir, la dialéctica), determina otra vez las pautas de la vida»: como concluye Milosz, «nuevamente el intelectual es útil».

El absurdo.
Otro elemento que toca Milosz es el absurdo, el «horror vacui», el vértigo del absurdo, que se apodera de aquel que contempla la vida cotidiana de la gente, para descubrir que no tiene valor en su inmediatez individual. Pero el cuadro cambia cuando ese hombre individual adquiere la capacidad de cambiar el mundo y se siente parte de una «Historia». Y para esto hay que obligar a la gente, hacerlos entrar por el «proyecto» de la Revolución. Por eso, el proyecto de una humanidad nueva, no tal cual es, sino como «debería ser», inspira al intelectual revolucionario y le da «un sentido».

Necesidad del movimiento histórico.

Un tercer elemento que inspira y explica la actuación del intelectual encandilado con el marxismo es la necesidad del movimiento histórico, encarnado en el proyecto marxista, la participación en «esa única corriente real cuya vitalidad surge de su armonía con las leyes de la historia y la dinámica de la realidad». El escritor en las democracias populares alcanza esa garantía mediante el imprimatur oficial que certifica que su pensamiento y sus escritos están en consonancia con la verdad oficial, reflejando la transformación de la realidad con exactitud científica: «en la versión stalinista, el materialismo dialéctico refleja y dirige simultáneamente esta transformación», pero ese «diamat» a su vez debe ser interpretado no solo a la luz de los textos fundadores de Marx y Lenin, sino por la autoridad competente, el sumo sacerdote de turno en el Partido.

El realismo socialista.

«La presión del mecanismo estatal no es nada en comparación con la de un argumento convincente» nos dirá Milosz para hablarnos del cuarto elemento: el realismo socialista. Milosz estaba aún en Polonia cuando se impuso esta corriente artística soviética a los hombres de cultura polacos. Ante los intentos de discusión y de rechazo a la imposición de estos criterios artísticos, los dirigentes de la cultura respondían con argumentos filosóficos extraídos de la dialéctica marxista. Comenta Milosz que el díscolo auditorio de los artistas imaginativos «invariablemente quedaba aplastado por argumentos superiores y amenazas abiertas contra la futura carrera de tan indisciplinado sujeto. Los argumentos convincentes, sumados a las amenazas, producían la conversión necesaria con seguridad matemática». La posibilidad de la obra de arte quedaba así cortada de raíz, por no hallarse el artista libre de ese auto-control que hace de su producción una obra espontánea.

El éxito.

El quinto elemento es el éxito: la sociedad contempla el poder omnímodo «del Centro» que gobierna y decide desde Moscú: «Los ejércitos tienen millones de soldados. El terror se torna útil y eficaz... crece la convicción de que el mundo será conquistado... Los límites del imperio avanzan constante y sistemáticamente hacia Occidente... Se trabaja para crear un reino que se extenderá por todos los pueblos de la tierra. ¿Es demasiado poco todo eso? Sin duda es todo lo que hace falta para fascinar al intelectual. Mientras contempla este proceso el fatalismo histórico echa raíces en él. Y en uno de sus raros momentos de sinceridad, podra confesar cínicamente: apuesto a este caballo. Es bueno. Me llevará lejos».[29] Pero el escritor que llegue a esta convicción, sobre todo cuando se le exija llegar a sus últimas consecuencias, lo pasará mal, pues «el mundo entero le parecerá sombrío y sin esperanza».

El sentimiento de culpa.

Un sexto elemento, unido al anterior aparece ahora: el sentimiento de culpa. Todo el conjunto de sentimientos, creencias, convicciones heredados de sus padres y de su vieja cultura debe pasar por las horcas caudinas de la «Nueva Fe»: «ahora, consciente de que está a punto de pasar por una puerta sin retorno posible, siente que va a hacer algo malo». Milosz expresa en voz alta los pensamientos que rondaron las cabezas de sus colegas y amigos: «No es agradable someterse a la hegemonía de una nación que todavía es bárbara y primitiva, y admitir la superioridad absoluta de sus costumbres e instituciones, de su ciencia y su tecnología, de su literatura y su arte. ¿Hay que sacrificar tanto en nombre de la unidad del género humano?» para acabar en una cultura de uniformidad monolítica en que «todo será moldeado por el centro».

La conversión.

El séptimo paso, es el de la conversión, que «llega con un ruido metálico como el que hacen los engranajes al cambiar de velocidad». La salida de la crisis es la aceptación de lo inevitable. Pero a un pre-

---

[29] Ib.pag. 45.

cio: «en el paciente se ha extinguido algo y esto puede verse a menudo en el pliegue de sus labios. Su rostro expresa la pacífica tristeza de alguien que ha probado el fruto del Arbol de la Ciencia del Bien y del Mal, de alguien que sabe que miente y que siente compasión por los que hasta ahora han sido librados del conocimiento pleno».

La esquizofrenia.

La octava fase viene a ser una consecuencia de todo lo anterior: la esquizofrenia. «Uno puede sobrevivir a la crisis y funcionar perfectamente, escribir y pintar como es debido, pero las antiguas normas morales y estéticas siguen existiendo en algún profundo plano interior». Esto produce una división interior, muy destructiva, que le hace vivir en la sospecha, con una aguda conciencia sicológica del otro. La píldora Murti-Bing funciona aquí como fuente de una relativa armonía, que hace posible permanecer activo: «lo cual es preferible al tormento de la rebelión sin sentido y la esperanza sin fundamento», concluirá Milosz.

La apatía.

El último elemento al que se refiere el autor de «El pensamiento cautivo» es a «la apatía» que se nota en la gente. «Hay algo inasible y desagradable en el clima humano de ciudades como Varsovia o Praga... Es un aura de fuerza e infelicidad, de parálisis interna y movilidad externa. Una cosa es indudable, llámesele como se le llame: si el infierno asegurase a sus moradores magníficas instalaciones, hermosas vestiduras, alimentos deliciosos y todas las diversiones posibles, pero los condenara a respirar para siempre en semejante atmósfera, el castigo sería suficiente».[30]

B.— EL KETMAN O EL MANUAL DE LA SOBREVIVIENCIA EN LAS DEMOCRACIAS POPULARES.

---

[30] Ibid. pag. 53.

Milosz realiza un profundo análisis de las relaciones sociales en los países comunistas: «Resulta difícil definir el tipo de relación que predomina en el Este entre las personas si no se la califica de representación teatral, con la diferencia de que la representación no se lleva a cabo en un escenario, sino en la calle, en la oficina, en la fábrica, en la sala de reunión e incluso en el cuarto donde se vive». La consecuencia de este permanente teatro social es que el hombre acaba asumiendo su papel de tal forma que acaba convirtiéndose en el personaje que finje ser:

> *«Tras larga familiarización con su papel, un hombre se identifica tanto con el que llega a hacérsele imposible diferenciar su verdadero yo del yo que finge, de modo que hasta los más íntimos amigos acaban por repetirse el uno al otro los slogans del Partido. El hecho de identificarse con el papel que se está obligado a representar produce alivio y permite aminorar la vigilancia que uno ejerce sobre sí mismo».*[31]

Para expresar esta realidad utiliza Milosz una palabra que procede de la civilización islámica del Oriente Medio: **el Ketman**, y que llego a convertirse en una institución permanente en esa cultura. El Ketman estaba encaminado a defender los pensamientos y sentimientos propios. **Era una forma de defenderse del oponente mediante el engaño consciente y deliberado del adversari**o. Con tal fin se pronuncian todas las profesiones de fe que puedan agradarle, se ejecutan los ritos que nos reclamen y se agotan todos los métodos de engaño. Pudiéramos definirlo como «el arte del engaño permanente en orden a conseguir sus particulares fines protegiendo la propia identidad».

Y Milosz recurre a clasificar los principales tipos de Ketman utilizados en los paises del Este: el Ketman nacional, el de la pureza revolucionaria, el estético, el profesional, el escéptico, el metafísico,

---

[31] Ibid. pag 86.

el ético. Me voy a detener de modo especial en éste último para ilustrar el análisis milosziano del asunto con mayor precisión.

El Ketman ético «surge de la oposición a la ética de la de la Nueva Fe, que se basa en el principio de que el bien y el mal solo pueden definirse en términos de servicio o perjuicio a los intereses de la Revolución». Como el buen comportamiento social, contribuye al bien general y por lo tanto a la causa revolucionaria, se atribuye gran importancia a la moral individual. De ahí que se vigile el comportamiento de la gente, en especial de los dirigentes, en orden a estar libres de la avaricia, la embriaguez o la lujuria. Hay un ideal de ascetismo puritano, que se trata de imponer en especial a los altos dirigentes, aunque a los de más abajo se les toleran más esas debilidades, que incluso podrán ser utilizadas en su contra, como garantía de obediencia incondicional.

Pero aunque al hombre nuevo se le educa para servir a los intereses de la colectividad, «piensa y reacciona como los demás, se conforma con lo que el Estado le da...» pero además, «observa atentamente a sus compañeros e informa a las autoridades sobre las opiniones y acciones de las personas con las que comparte la vida». Así, la delación se convierte en una práctica virtuosa y alabada dentro de la ética comunista, una forma de vivir el compromiso ciudadano y un deber. La consecuencia de esto es que cada cual tiemble de miedo ante los demás... «si el trabajo en las oficinas y en las fábricas resulta penoso, esto no se debe únicamente al esfuerzo que el mismo exige: fatiga mucho más la atención que hay que prestar sin interrupción a esos ojos y esas orejas vigilantes, de aplastante ubicuidad». **La consecuencia es que esa ética que se proclama al servicio del bien común y acaba enfrentando a los hombres en una guerra de todos contra todos, muy lejos del espíritu de colaboración y fraternidad pretendidamente deseados.** En esta situación, los que sobreviven son los astutos y los pillos: ellos son los beneficiarios de la ética que inspira la vida social en un país comunista.

Capacidad de simulación.

Una consecuencia de este ketman ético es la capacidad de simulación y doble cara que genera en la vida social. También te obliga a desarrollar una peculiar inteligencia, que te permite utilizar el estilo, la terminología y el ritual linguístico oficial, y en lo cual, lo que importa no es lo que uno dice, sino lo que ha querido decir, y que solo puede ser entendido por los iniciados. Un ejemplo de esto son los documentos episcopales cubanos, que los exiliados de Miami critican por ser demasiado «blandos», pero que los cubanos de la Isla aplauden efusivamente, pues entienden «lo que quieren decir». Los que están fuera no saben calibrar las sutilezas que sí manejan los que están sometidos a la presión del sistema y han adquirido la capacidad de hablar y de leer, esto es de comunicarse, «entre líneas».

Al mismo tiempo, Milosz se pregunta si el éxito de la Nueva Fe, su gran atractivo entre los intelectuales, no será la consecuencia de no haber un centro interior en el hombre: «al someter al hombre a una enorme presión, la Nueva Fe crea este centro; o por lo menos, hace sentir la sensación de que tal centro existe. El miedo ante la libertad no es nada más que el miedo ante el vacío».

LLegando a un nivel más profundo de su análisis, Milosz recuerda las palabras de un amigo «dialéctico»: «No sacarás nada de tí porque no tienes nada adentro. No puedes despedirte de la gente e irte a escribir al desierto. Acuérdate de que el hombre es función de las fuerzas sociales. El que quiera estar solo perecerá». Estas palabras han inspirado una de las reflexiones más profundas y certeras del libro de Milosz:

«al considerar que no hay nada en su interior, el hombre acepta hoy lo que venga, aún si sabe que ese 'lo que venga' es malo, con tal de hallarse con los otros y no estar solo. Mas vale cultivar el ketman, someterse a la presión y tener, gracias a ella, la sensación de que se es, antes que correr el riesgo de la derrota por confiar en la sabiduría de los siglos pasados, según la cual el hombre ha sido hecho a imagen de Dios».

Para terminar preguntándose a sí mismo, en lo que considero el texto clave de su libro: «¿Y si se trata de vivir sin presión y sin Ketman, de desafiar al destino, de decir: 'si pierdo, peor para mi'?. Si resultara posible vivir sin resistencia impuesta desde afuera, si resultara posible crearse su propia resistencia, entonces no sería cierto que en el hombre no hay nada. Y correr tal riesgo sería un acto de fe».[32]

CONCLUSIÓN

Czeslaw Milosz ha logrado una síntesis de elementos que nos parece difícilmente apreciable para quien no conozca por dentro al «sistema». Su libro es uno de esos textos en que puestos a elegir, habría que tomarlo todo, pues «todo él es oro». He querido mantenerme lo más fiel posible a sus mismas palabras, de ahí la cantidad de citas textuales que he consignado a lo largo del capítulo. Y lo sorprendente es la fecha temprana en que fue publicado su libro. Sabemos bien que el «socialismo real» evolucionó, y al final, como el mismo Milosz había predicho con casi 40 años de anticipación, hizo crisis y desapareció, al menos en su patria de origen. Quedan sus epígonos asiáticos (Corea del Norte, China y Viet Nam: los dos últimos en un profundo proceso de transformación cuyo final no podemos predecir, pero que le dará otro rostro al socialismo tal y como lo hemos conocido) y Cuba. «*No es difícil imaginar, sin embargo, un día en que millones de personas que obededecen esta filosofía se vuelvan de repente contra ella. Ese dia llegará si el Centro perdiera su fuerza material... Lo fundamental es que en esta filosofía el éxito constituye parte integrante del razonamiento. El fracaso revelaría la falsedad de una dialéctica artificial, vencida al fin por la realidad*».[33]

---

[32] Ibid. pag.113.
[33] Ibid. pag.260.

Según Vincent Geoghegan[34], él mismo socialista, la crítica del socialismo al capitalismo toca fundamentalmente tres rasgos de la «vieja sociedad»: la igualdad, la cooperación solidaria y la libertad como posibilidad de desarrollo real de las propias potencialidades. La negación de su propio proyecto inspirador ha descalificado al socialismo marxista-leninista, que nunca ha salido del aura totalitaria, ni siquiera después de Stalin, quien, —tal afirman algunos defensores de la Nueva Fe— corrompió la buena intención de los padres fundadores y el proyecto en sí. Sea lo que fuere, y aun reconociendo que hubo diversas etapas, cada vez más «light» por cierto, como lo hemos visto al reseñar aquellas por las que el comunismo pasó en Polonia. Ellas resultan paradigmáticas al proceso mismo del «socialismo real» en Europa y se repiten también en Cuba. No quiero entrar en los comunismos asiáticos, pues nos complicaría mucho.

El poder y el miedo.

La cuestión que queda flotando en el análisis de Milosz, es el tema del poder, y su compañero inseparable, el miedo. Al servicio del poder, de la pragmática para la toma y conservación del mismo, está la «teoría», que utiliza el prestigio de la ciencia, y se presenta como la encarnación de la misma. Pero la teoría no es más que una divulgación ideologizada «que pretende explicarlo todo», renunciando al carácter más específico de la ciencia: cuestionarlo todo, incluso sus propias leyes, que no son mas que «hipótesis, ayudas metódicas y símbolos abreviados». Y para lograr esto, utilizan la propaganda, con la que logran crear una «realidad virtual» para uso colectivo. Por eso el comunismo no resiste la transparencia informativa, la libertad de opinión y la libre circulación de las ideas y las personas. Ese pretendido «conocimiento total», que tiene respuestas para todo, no resiste la prueba del diálogo y de la confrontación con otros pensamientos y enfoques diferentes.

---

[34] Robert Eccleshall, Vicent Geoghegan y otros. *IDEOLOGÍAS POLÍTICAS*, Tecnos, Madrid 1993, pag. 119.

La «ortodoxia» precisa de un tribunal de apelación, y éste es el poder fáctico de los jerarquas. El círculo se cierra así, pero el Partido ha devenido en Iglesia, de ahí toda la parafernalia ritualista de los grandes actos del régimen y la terminología misma (tan claramente manipuladora de elementos religiosos, por ejemplo, en Fidel Castro). En este sentido hay un vínculo entre este concepto religioso del marxismo y su mixtificación de la ciencia: el concepto absolutamente teleológico de la «Historia» como fuerza ineluctable, de indudable matríz hegeliana. El totalitarismo del marxismo reside más aquí que en el control que mantiene sobre la economía, la política o los mecanismos que hacen funcionar las instituciones sociales.

Por eso, el hombre individual, de carne y hueso, queda convertido en un ente solitario, (enfrentado a la masa atemorizada y compacta de los que aplauden siempre, por temor a «señalarse»), y acaba sucumbiendo a la influencia mefítica de una teoría que se impone como un destino. Al pretender hacerse dueña de su propio destino y eliminar el azar, «la especie humana se postró ante la Historia, y la Historia es un ídolo cruel». O como ha dicho Milosz en otras palabras:

«En las democracias populares todos se comportan como si fueran hombres dormidos que tratan de gritar en medio del sueño y que no consiguen proferir ni un sonido. No solo porque no pueden decir nada, sino también porque no saben qué decir. Lógicamente todo está como debe estar. Desde las premisas filosóficas hasta la colectivización de las granjas, todo constituye un solo conjunto compacto, una pirámide sólida e imponente. Invariablemente el individuo aislado se pregunta si su antagonismo no es equivocado; todo lo que puede ofrecer el mecanismo de propaganda son sus meros deseos irracionales.»[35]

Son los deseos humanos los que se acaba no teniendo en cuenta. Milosz recuerda los testimonios de los que han intentado escapar de las democracias populares y lo han logrado: «síquicamente no se

---

[35] .C. Milosz, pag. 251.

puede soportar», dirán, para hablar luego de «la tristeza de la vida allá» o «tenía la sensación de que me convertía en una máquina». Milosz concluye diciendo que: «El horror indefinible que se apodera del hombre amenazado por una total racionalización de su ser no puede comunicarse a quienes no han tenido que enfrentarlo».

Hacia el final de su libro, Milosz cuenta que tuvo en sus manos una carta escrita por una familia lituana, deportada a la URSS, con parientes en Polonia, a quienes dirigieron la misiva. La carta era un relato de la dura vida que hacían los deportados, una madre y sus dos hijas, antes campesinos prósperos. En la carta, la última letra de cada línea estaba ligeramente subrayada y al leerse verticalmente, formaba esta frase: **«Eterna esclavitud»**.

Es a partir de esta anécdota cómo, a mi modo de ver, se plantea el dilema ético de la tesis miloszeviana: con su agudeza peculiar y un poco irónica, recordando los crímenes de la conquista y colonización de América, dirá nuestro autor: «Los derrotados caen en el olvido para siempre; y todo aquel que examine con demasiado detenimiento los relatos de los crímenes pretéritos o, lo que es peor, trate de imaginar los detalles, palidecerá de horror... o se volverá por completo indiferente».

¿Pero cabe la misma actitud respecto de los crímenes que se cometen ahora? ¿Con los que se están cometiendo en este momento? «Un hombre vivo, aunque esté a miles de kilómetros de distancia, no puede ovidarse con tanta facilidad». En la búsqueda del porvenir, del bien y la felicidad para las generaciones futuras, hay leyes morales y normas de conducta a las que no podemos renunciar sin cometer un grave error: «Hay ciertas normas a las que no debemos renunciar porque, en otro caso, bien podría suceder que esos frutos del porvenir estuvieran podridos». Callar sobre ciertas realidades del presente, como pretende el sistema comunista, puede ser un riesgo enorme: ¿"quién sabe qué dimensiones podrían asumir estas plagas si todo el mundo pensara que hay que callarse y aceptarlas?». Milosz concluirá que al negarse a aceptar esta situación defiende mejor los frutos de mañana que aquellos que con su resignación se hacen cómplices de lo que ocurre.

«Pasemos en silencio ya que no podemos olvidarlos, los crímenes pretéritos, los cientos de polacos deportados entre 1940 y 1941, y los que fueron fusilados y ahogados en el Océano ártico. Hay que saber perdonar. Pero pienso ahora en los crímenes que se cometen y se cometerán; y siempre, en nombre del magnífico hombre nuevo; y siempre, entre las fanfarrias, los cantos, los megáfonos y los poemas optimistas».[36]

En el fondo, el cuestionamiento fundamental es el de creernos que sabemos transformar al hombre y podremos lograrlo, «a la fuerza», no respetando el «misterio del hombre» y no contando con su libertad. Lenin hablaba del político como de un «ingeniero social» lo que presupone, como ha destacado K.O. Apel, que los hombres en el «reino de la libertad» serán a la vez sujetos autónomos y objetos controlables (casi-cosas) de los pronósticos y la planificación.[37]

«En los los círculos donde vive mi amigo («el dialéctico» de siempre) decir del hombre que es un misterio equivale a insultarlo. Han emprendido la tarea de construir un hombre nuevo, como el escultor esculpe una estatua con un bloque de piedra: cortando todo lo que está de más. Considero que están equivocados, que su conocimiento es insuficiente, pese a toda su perfección, y que el poder sobre la vida y la muerte que tienen en sus manos, es una usurpación».[38]

No podíamos encontrar cita una más adecuada que ésta, para pasar a examinar nuestro segundo libro, «Rogad por el hermano Alejandro» del filósofo rumano Constantín Noika.

---

[36] Ibid. pag 287.

[37] K.O. Apel, Etica y Utopía, en *"UTOPÍA HOY"*, Gómez Caffarena Editores, Madrid, 1986, pag. 88.

[38] C. Milosz, Ibid. pag. 287.

Santuario de la Virgen de la Caridad del Cobre, Cuba.

CAPÍTULO III

REZAD POR EL HERMANO ALEJANDRO, Constantin Noica

Rumanía: el precio de la derrota.
Como ya vimos en el caso de Polonia, la Unión Soviética impuso sus condiciones a los países del Este y Sureste de Europa. Siguiendo un modelo que a fuerza de repetirse resulta aburrido hasta el relatarlo, (podríamos remitirnos a las etapas del ascenso y la caída del comunismo en Polonia (supra, págs. 21-26). Lo cierto es que Rumanía, como país del Sureste, quedó «del otro lado» de las fronteras invisibles pactadas en Yalta por Stalin y los «otros grandes». Con un agravante: el gobierno rumano se había enfrentado durante la contienda con el Coloso Rojo. Y esto le costaría muy caro al pueblo de Rumanía..

«Sin embargo, el gran terror de la guerra no terminó el día de la rendición alemana. Antes, la población vivió «persecuciones nacionales», que en esta región revistieron un carácter específico con la llegada del Ejército Rojo, el «puño armado del régimen comunista». Los comisarios políticos y servicios especiales de este ejército —el SMERSH y el NKVD— se emplearon a fondo en la depuración. En especial en los estados que habían enviado tropas al frente contra la Unión Soviética —Hungría, Rumanía, Eslovaquia—; cientos de miles de personas fueron deportadas, en esta ocasión al Gulag soviético (su número exacto aún esta pendiente de evaluación)».[39]

---

[39] Stephane Courtois, Nicolas Werta y otros. *EL LIBRO NEGRO DEL COMUNISMO*. Ed.: Planeta-Espasa Calpe; Madrid-Barcelona 1998, pag. 441.

Al igual que en Polonia, el partido comunista rumano de entreguerras era minúsculo y sin peso en la vida política del país: «en Rumanía hubo en verdad, en el tiempo que medió entre ambas conflagraciones, algunos cientos de personas que mantenían convicciones comunistas, pero difícilmente podía decirse que existiese un partido comunista organizado». Pero esto no fue óbice para que acabaran tomando el poder. A la hora 25 de la derrota, en Rumanía, tanto el ejército como el gobierno se unieron a los Aliados y lucharon contra sus antiguos compinches del Eje. Esto permitió que la maquinaria estatal quedara prácticamente intacta al final de la II Guerra Mundial. Según el modelo impuesto por Moscú, y en comunión aparente con el espíritu de cooperación entre los Aliados, hubo que organizar un gobierno de coalición, entre los partidos que habían mantenido una actitud de «no colaboración» con el fascismo. En Rumanía se constituyó una «coalición democrática» compuesta por el Partido Nacional-Campesino, el pequeño partido socialista, los liberales y por supuesto, los comunistas.

«En el proceso de la toma de poder por los comunistas, que duró desde 1944 a 1948, pueden distinguirse tres momentos, que pueden ser definidos como el de la verdadera coalición, el de la coalición ficticia y el de la dominación del partido único. En el primer estadio, les fue permitido a los diferentes partidos mantener una prensa y una organización realmente independientes, manifestar opiniones que discreparan con las de los comunistas e incluso criticarlas; solo la política y el régimen soviético no podían, bajo ningún concepto, ser criticados. En este estadio se permitía, asimismo, la oposición a los partidos de la coalición. En el segundo se les privó a éstos de sus verdaderos dirigentes y sus puestos fueron ocupados por personas que no eran miembros del partido, sino personas elegidas por los comunistas, no se toleró ningún tipo de opinión... y la oposición que venía de fuera de la coalición fue perseguida, cuando no completamente suprimida. En el tercero, todo el poder pasó

a los partidos comunistas: se formó un frente de gobierno uniforme y «monolítico»... toda oposición fue despiadadamente aniquilada».[40]

Yugoslavia y Albania pasaron al tercer estadio desde el primer momento. Polonia comenzó su historia de posguerra por el segundo. Rumanía, fue de los países que pasaron por los tres estadios. En 1945 y bajo la amenaza de ocupar militarmente Bucarest con el Ejército Rojo, el rey Miguel tuvo que aceptar el gobierno de ficticia coalición presidido por Petru Groza y del que fue excluído el mayoritario Partido Nacional-Campesino. En noviembre de 1947 en Rumanía ya se había pasado a la tercera etapa y los comunistas controlaban el país.

La posterior historia se encuentra reflejada en sus líneas mas generales, como ya dijimos, en las etapas señaladas del ascenso al poder, apogeo y caída del comunismo en Polonia. Con la enorme diferencia del final: mientras en Polonia los comunistas accedieron a una salida negociada, Rumanía fue escenario de un trágico desenlace que costó la vida a miles de personas inocentes y que arrastró con su violencia a los máximos responsables de la historia más reciente del país, el conducator Nicolae Ceausescu y su esposa. En medio, el drama de un régimen que, retomando la leyenda del Conde Drácula en las montañas de Transilvania, logró fama por la dureza de sus cárceles y campos de concentración, y por el «refinamiento» brutal de sus intentos de sometimiento del espíritu humano.

«Junto a Checoeslovaquia, Rumanía es el otro país que enriqueció los rasgos originales de la historia de la represión en Europa central y del sureste: probablemente fue el primero que introdujo en el continente europeo los métodos de «reeducación» por «lavado de cerebro» empleados por los comunistas asiáticos. Incluso los perfeccionó antes de su empleo masivo en Asia. El

---

[40] Golo Mann, Alfred Henss y Otros, *HISTORIA UNIVESAL*, Ed. Espasa-Calpe, Madrid 1987, Tomo X, Vol 2, pag. 211-212.

objetivo de su demoníaca empresa era inducir a los detenidos a torturarse unos a otros. La invención tuvo por escenario una prisión de Pitesti, relativamente moderna, construida en los años treinta a 110 Km. de Burarest».[41]

Aunque Rumanía se desmarcó del resto de los países de la órbita soviética a raíz de de la intervención militar contra Checoslovaquia cuando la «Primavera de Praga». Sin embargo, en los años 80, «su *comunismo nacional* se manifestó, sin embargo, más represivo que el de todos los países del espacio que tratamos, junto con el comunismo albanés».[42] El Autor al que nos vamos a referir, A. Noica, sufrió por largos años, en una de esas cárceles. Su delito: leer y dar a leer un libro, el de su amigo E.M. Cioran.

Constantin Noica, o la debilidad de los fuertes.

El libro de Constantín Noica comienza con una anécdota. Las tropas soviéticas ocuparon hacia el final de la II Guerra mundial un convento de monjas en Moldavia. Al regresar a su Monasterio, una vez terminada la ocupación de las tropas, las monjitas se encontraron sobre el altar de la capilla una nota que decía: «El comandante de las tropas que ocuparon el monasterio os declara que lo ha dejado intacto y os pide que rezéis por su alma». Desde entonces en cada oficio religioso es recordado el nombre de Alejandro. De ahí el título del libro: «*Rezad por el hermano Alejandro*».

El libro de Noica, todo él, es un comentario, una profunda reflexión en torno al tema de la fuerza victoriosa que no sabe qué hacer con su victoria. Este «rezad por el hermano Alejandro» es la petición del hombre que se ha perdido en el callejón de la fuerza y así ha encontrado, por el camino más inesperado, un cuestionamiento radical: aquello que nos decía el Evangelio «de qué le vale a un hombre ganar el mundo entero, si se pierde a sí mismo?».

---

[41] Stephane Courtois, Nicolas Werta y otros. pag. 469.
[42] Ibídem 498.

Uno de los principales argumentos del comunismo en sus años de crecientes victorias era precisamente ése, su eficacia, su arrolladora capacidad de someterse pueblos y personas, hasta el punto que en su artículo conclusivo de la Historia Universal (Frankfurt-Berlin, 1960, edición española en Espasa Calpe, 1987) dirigida por él mismo y por Alfred Heuss, dirá Golo Mann:

«El otro bando, el nuestro, (se refiere a Occidente) se encuentra a la defensiva. Todas las creaciones europeo-americanas de las que hemos hablado en este tomo, las sólidas, las frágiles, las improvisadas, las duraderas, han tenido como única finalidad la defensa. En ellas había resignación. Si las naciones europeas se sintieran aún unidades autónomas capaces de resistir solas en la lucha por la existencia y de expansionarse en ella, no habrían creado ni la Comunidad Europea ni la atlántica... Como desconocen la esfera de la lucha política mundial, como utilizan un gran poder para obtener unos fines para cuya exclusiva consecución nunca habían sido utilizados hasta ahora (pues ¿cuándo se había utilizado un gran poder solo con fines defensivos?), su lenguaje es a menudo tan torpe, tan desacertado y tan amenazador. Hay que fijarse en sus obras».[43]

Solo ahora, después de 1989 nos podemos dar cuenta hasta qué punto el poder de los comunistas era un bluff y el sistema amenazador y omnipotente, en realidad estaba corroído por dentro, y cayó más que por la acción de sus enemigos políticos, a consecuencia de sus propias deficiencias y contradicciones internas. Noica lo vió claro con muchísima anticipación: en realidad, los fuertes eran débiles. !Había que rezar por los fuertes!.

---

[43] Golo Mann y otros, Op. cit. Tomo X, Vol II, pag 707.

El «hermano Alejandro» no tiene fronteras.

En realidad la tésis de Noica va mas allá del marxismo-leninismo, que a él le tocó sufrir en carne propia. El hermano Alejandro es el símbolo de cualquier vencedor, de todos los vencedores de la tierra y de la historia: «Rezad por el hermano Alejandro de China, pero no olvidéis al hermano Alejandro de los Estados Unidos; rezad por los fuertes de doquier, por los que saben, físicos, matemáticos y técnicos de alto nivel, pero que ya no saben bien lo que saben y lo que hacen, por los que poseen y disponen con sus economistas, con todo; rezad por los que se extravían en la cultura; por el hombre europeo que ha triunfado sobre la naturaleza y sobre Dios. !Rezad por el hermano Alejandro!».

El libro de Noica se dearrolla todo él en la cárcel. Desde el día en que lo encierran y le hacen los primeros interrogatorios, hasta el día en que finalmente le dan la libertad. El libro es una sucesión de monólogos interiores y diálogos: con sus compañeros de prisión, incluso con sus carceleros (con estos últimos apenas son monólogos, acompañados siempre de interjecciones y de golpes... es el diálogo de la violencia, donde el hombre se convierte en menos que ser: en una cosa). Desde el primer diálogo con el interrogador, que Noica le cuenta a Alec, el joven deportista que tiene como compañero de celda, se nos presenta el tema de la fuerza, representada y reflejada por los golpes que reciben los presos. En medio de este trajín de la violencia, están las relaciones humanas, los diálogos con los compañeros, los intercambios de conocimientos que hacen de las cárceles políticas verdaderas universidades, lo mismo en Rumanía que en Cuba.

En sus diálogos con Alec, Noica, imbuído de un afán pedagógico que el joven rechaza y él mismo llega a criticar, trata de hacerle entender al deportista el sentido de la situación en la que están sumergidos. Los carceleros, los fuertes, ellos también son víctimas, pero no de Rusia o del sistema, sino del «tiempo», de esta época que cosifica a los hombres y les impide descubrir el valor que encierra cada ser humano:

«a menudo he pensado que sería interesante interrogar a un interrogador, es decír, cuestionarle sobre los tipos humanos que ha encontrado. Pero mira, él es instruido precisamente para destruir los tipos humanos diferentes y hasta al hombre como ser moral. No se dan cuenta que, entre los hombres, si anulas al otro, te anulas a tí mismo también. ¿Qué van a hacer en la vida después, cuando toda esta historia se haya acabado?»[44]

El joven quiere entretenerse («él, el joven, necesitaba soñar, necesitaba un poco de aire, de gratuidad...») y le pide a Noica que le cuente una película. Pero Noica es incapaz de recordar ninguna. Y entonces le inventa una historia: la de un bandido forzudo que se apodera de un pozo y controla el agua a su antojo, para sentir su fuerza sobre la pobre gente que necesita del agua, («al bandolero le gustaba en cambio enseñar lo fuerte que era; y, como a cualquier poderoso de la tierra, empezó a parecerle que también era sabio»). Pero finalmente, su control del pozo, acompañado de sus consejos para la posible creación de un pozo nuevo, y cómo debían repartirse «equitativamente» el agua entre los aldeanos del lugar, terminan por hacerle descubrir su propia debilidad («hasta que se dio cuenta de que no tenía ningún provecho propio más que el dominio vacío sobre la gente.») y entonces, decide irse.

Cargado con los «dones» que le arrebató a la gente, tras caminar un trecho, cansado, siente sed. Y le pide a un niño lugareño que pasaba por el camino, que le traiga de beber. El niño le trae un vaso, pero tropieza sin querer y el agua se derrama... Tampoco hay agua en el riachuelo del bosque que estaba atravesando... entonces, «un temor indefinido se apoderó de él, como si la naturaleza y el bosque le hubieran castigado por el poder que se arrogó sobre los hombres».

La reacción de Alec no se deja esperar: «Ya sé lo que quería decir. Quiso decir la misma cosa, la lección que se empeña en darme; que los

---

[44] A. Noica, REZAD POR EL HERMANO ALEJANDRO, copia inédita. Agradezco la traducción del libro, del Rumano al español, a Cristian Ariesanu. (La numeración de páginas se hará por esta copia de la traducción), pag. 7.

que cortan la vida a los demás, se la cortan a sí mismos; que éstos que nos están torturando no tienen que ser odiados sino compadecidos. ¿No le resulta penoso repetirse de este modo?», explotará el joven.

El monólogo sobre el «Fausto» de Goethe.
El monólogo sobre el «Fausto» de Goethe, es sin dudas uno de los más profundos pasajes de este libro. «!Cuánto se parece al hermano Alejandro éste Fausto: un vencedor del que sin embargo, tienes que apiadarte! Al fin y al cabo es un vencedor en todos los sentidos. Ha vencido la ignorancia, ha vencido la debilidad y la impotencia humana, al final ha vencido cualquier sentimentalismo o espejismo religioso, haciendo el pacto con el diablo sin ningún rastro de temor. Se encuentra en la situación de poder hacer cualquier cosa, gracias a los medios y a los aliados que tiene a su disposición, **pero no sabe qué hacer...**». Para luego terminar diciendo: «Nuestro mundo es fáustico porque no sabe lo que quiere, como el héroe de Goethe; porque se ha forjado medios y victorias con las que no tiene nada que hacer».

Un traslado de cárcel y la vida de Noica viene a cambiar. Ahora está solo y aislado en una celda. Sus compañeros de cárcel quieren comunicarse con él a través de las paredes, mediante el código de Morse. Pero él lo desconoce. Entonces se le ocurre inventar un código de señalizaciones para comunicarse con otras posibles criaturas inteligentes del cosmos. Después de varios días de trabajo (sin conseguir resolver definitivamente el problema, pero con varias hojas rellenas de escrituras y cálculos) vienen un día a buscarlo. Cuando pide una entrevista con el capitán que le autorizó la investigación, el guardia que le requiere, sencillamente rompe los papeles, sin hacer caso de sus protestas y alegaciones.

Y vuelven a trasladarlo. Esta vez comparte celda con varios presos. Estos aprovechan el tiempo estudiando. La observación de sus reacciones y el escuchar sus opiniones le permiten a Noica hacernos un retrato del ambiente y de las personas. Por ejemplo, su agudo análisis del afán de exactitud que encuentra entre sus compañeros:

«Lo que nos pasa a nosotros aquí en la cárcel, le pasa también al mundo que nos reodea. Todo se ha derrumbado a nuestro alrededor. Nosotros ya no sabemos nada de nuestras familias, no tenemos una profesión o actividad, no tenemos siquiera una identidad, más que la elemental, la de nuestro físico destruido y de nuestra naturaleza moral última, tanto en cuanto puede resistir todavia. Algunos de nosotros ni siquiera saben si tenían razón en lo que hicieron, si defendieron una buena causa y si se encuentran aquí como inocentes o con un gramo de culpabilidad. En el caos en el que nos han arrojado, necesitamos algo, un apoyo, lo que sea. Como un hombre que se agarra a una viga para no caerse, nosotros también buscamos una viga, las certezas que son los conocimientos exactos. Queremos saber algo que sea y que no cambie. Algo que no dependa de los caprichos de la gente y de los dueños, algo parecido a aquella gramática que Stalin mismo, hacia el final de su vida, tuvo que reconocer que era inatacable. La lista de los emperadores de Roma está grabada en piedra. Nosotros, en cambio, y nuestras vidas, somos —en el momento presente por lo menos— meros nombres escritos en la arena».[45]

Por las conversaciones de sus compañeros han pasando todos los temas posibles. En la cárcel se habla de todo, se analiza todo: la risa y su sentido, las leyes de Malthus, el Evangelio que un teólogo preso le intenta explicar a un ingeniero judío en vías de conversión al cristianismo, la vida misma de la gente. «!Qué extraños son estos encuentros en la cárcel! No te sientas al lado de un hombre, sino al lado de una vida... La vida se rehace aquí trozo a trozo. Sacudes un poco a un esqueleto y ves saliendo de él, como de una caja metálica, un amor, un trabajo, dos niños, una pistola olvidada en el desván, una sentencia capital rebajada a trabajos forzados de por vida...».

---

[45] Ibídem, pag. 32.

«Todos somos responsables»

También se plantean cambiar el comunismo. Pero su crítica no se queda solo en el régimen, que ven como una imposición del ejército soviético. Se refiere también al «mundo libre», que no ha logrado alcanzar lo que propone el comunismo:

«Solamente sabemos una cosa: que no nos gusta esto. Probablemente todo el mundo, incluso los comunistas, podrían luchar para cambiar o, por lo menos, corregir el régimen, simplemente porque afea la vida y el mundo. Pero los otros regímenes le pisan los talones. Algunos de aquí reprochan al mundo libre que no haya hecho él, con sus posibilidades, el comunismo. Pero su culpa es otra, más grave todavía: que no tiene ningún modelo que ofrecer, solamente algunas grandes tentaciones».[46]

Noica va a proponer a sus compañeros un nuevo modelo de sociedad: «el estado de crédito ilimitado». Se trata de proponer a la sociedad un modelo de hombre exitoso, que no lo sea por sus realizaciones, sino por sus cualidades. Al grupo elegido, se le daría un crédito ilimitado, pues lo acostumbrado es dar «pensiones de mérito o recompensa», pero en este caso serían de «crédito», y funcionarían como inversiones. Estos seres, no serían elegidos entre los más brillantes, sino entre los que estén más completamente dotados: desde el punto de vista intelectual, moral y de creatividad. A éstos se les daría toda la libertad y la posibilidad de acceder al dinero que quieran. El teólogo descubre en la propuesta, su sentido mas profundo: dar a un grupo de hombres modélicos y paradigmáticos, la posibilidad de vivir según el principio agustiniano del amor: «ama y haz lo que quieras», lo que supone acceder a la plena vida moral, hacer no ya lo que se quiere, sino lo que se debe. El crédito ilimitado lleva aparejada la responsabilidad ilimitada.

---

[46] Ib.pag 50.

La influencia de la propuesta sería beneficiosa desde el punto de vista también del estado. Para el capitalista, porque pondría por delante lo que ahora es secundario en él: «honor, justicia, cultura, creatividad», y solo después vendría el dinero. En el comunista, el correctivo sería aún mayor: «aquí, donde los hombres son desposeídos a la fuerza, donde el hombre es manipulado en todas las formas imaginables, como un menor de edad, !qué gran bendición sería concederle un crédito ilimitado, no solo de dinero, sino también de libertad y dignidad!».

Los últimos capítulos de su libro los dedica Noica a Karl Marx. Son agudas sus reflexiones sobre la obra de éste. Pero termina considerándolo un «hermano Alejandro» más, por el que hay que sentir piedad, por el que hay que rezar...

Finalmente llegó para Noica la hora de la libertad.

Y en el momento de avisarle que sería libre, la propuesta de trabajar con la seguridad... «si no iba en contra de su conciencia». Pero él no se acogió a la salida fácil de justificarse con «la conciencia» para negarse a la invitación de colaborar con la seguridad. Explicó que no pensaba llevar vida social. Su familia se había marchado al extranjero, y a sus amigos les había hecho daño, denunciándolos sin querer al caer preso. «Ya no tengo patria, señor coronel, le contesté. Estoy desprendido de todo». El coronel salió de la habitación y su ayudante reconvino a Noica por decir «que no tenía patria». En un momento de flaqueza, quizás debido a la tensión del momento, Noica se hecha a llorar: «De hecho, reflexionará, ¿no han sido también ellos los que me desprendieron de cualquier cosa, hasta de la patria?».

Al otro día, en efecto, Noica salía de la cárcel. El comandante y él se sonríen al darse el saludo de despedida. Y entonces recordó los versos de William Blake:

> «Hay una sonrisa de amor
> y hay una sonrisa de decepción.

Y hay una sonrisa de sonrisas,
en la que estas dos sonrisas coinciden»

CONCLUSIÓN.

El libro de Noica nos plantea una serie de preguntas que en cierto sentido complementan a Milosz e introducen a Havel. La primera de ellas es mirar «el rostro humano» de aquellos que sirven al sistema, y quedan reflejados y representados en los carceleros. La insistencia de Noica en considerarlos «seres humanos», les quita el aura sobrehumana que da el poder. Los pone a ras de tierra. Pero al mismo tiempo, los «desdemoniza». Ni dioses ni diablos... hombres «por los que hay que rezar». La debilidad del poder es que acaba matando al hombre que hay en cada uno de ellos, pues «no se dan cuenta que, entre los hombres, si anulas al otro, te anulas a tí mismo». Al final les ocurre como el forzudo del cuento que le inventó a Alec, el joven deportista: «no tienen más provecho propio que el dominio vacio de la gente».

Noica provenía de una familia rica y culta, aristocrática. Su mirada a los comunistas no está, sin embargo, inspirada por esa superioridad del que los ve como «bárbaros advenedizos». La mirada de Noica es una mirada evangélica, llena de compasión y de perdón. En el fondo es la mirada que desmitifica el poder de los poderosos, porque los mira «de igual a igual». No hay resentimiento, no hay desprecio en la mirada de este hombre, hay compasión. La escena final, en que sonríen el jefe de la prisión y él, aunque sonrisas diversas quizá, como deja entrever la cita de Blake o su empeño en no recordar las caras de los que lo golpeaban, ¿qué cosa es sino recobrarlos para la especie, sin dejar que la violencia te haga «*víctima resentida*», esto es, futura carne de victimario?. Hay una victoria profunda en este amor que no se deja vencer por la violencia de los «falsos fuertes» y que, al «salvarlos» a ellos, se salva a sí mismo: se salvan los dos para una humanidad, que va más allá de los sistemas y sus proyectos destructivos. Como ha dicho la poetisa Violeta Parra: «al malo solo el cariño lo vuelve puro y sincero».

El poder es ciego

La tesis de Noica podría sintetizarse en una frase: el poder es ciego. La referencia al Fausto es clara al respecto: no se puede imaginar un poder mayor: sobre la ignorancia, la debilidad, incluso, la conciencia. No hay límites para Fausto. Es el vencedor por antonomasia. Pero no sabe qué hacer con su victoria. Así es el mundo de hoy.

«No hay viento bueno para el navegante que no sabe a dónde va», hemos dicho al inicio de nuestro trabajo. Si el hombre pierde su humanidad, su victoria es una victoria vacua, sin sentido ni orientación. Trastocar el concepto de la fuerza, descubrir su profunda debilidad, es una forma de exorcismo. La aventura humana está más cercana de «los nombres escritos en la arena» que de las estelas de piedra que nos recuerdan la lista de los emperadores romanos. La gente «sin historia», los desposeídos de la tierra, son los que representan la verdadera humanidad. Porque no tienen otra cosa que enseñar que ellos mismos: no su poder, ni sus riquezas, ni sus espectaculares logros técnicos, sino su desnuda condición humana. Y es esa su máxima razón de valor y respetabilidad. Ellos son los que «heredarán la tierra», como dijo Jesús, porque son «los hijos amados del Padre».

Ningún régimen se salva. Todos han caído en el mismo pecado. Los comunistas han llegado más lejos, pero los otros no se quedan atrás. La crítica de Milosz y Havel, o el mismo Eliseo Alberto, cuando se refiere a los cubanos del exilio, como luego veremos, apunta a lo mismo. Habría que remitirse a Max Weber y su famosa «jaula de hierro» del burocratismo: es el mal del tiempo, no solo de un sistema, sino de todos los sistemas, que olvidan al hombre concreto, que sufre y llora, de carne y hueso. Rescatar la humanidad, reencontrar las raíces de lo humano, redescubrir la eticidad como compromiso, como rebelión, «como sentimiento de la justicia», es una propuesta común a nuestros cuatro autores. Nadie puede cantar victoria. Todos somos responsables y todos «hemos pecado», al olvidar al hombre que sufre, al oprimido, al pobre: «al otro». **Toda crítica al totalitarismo es en el fondo una crítica al olvido de nuestra humanidad indivisible**: donde quiera que un hombre sea traicionado, aplastado, perseguido u olvidado, perdemos todos. El mensaje es claro: asumir la propia responsabilidad es no solo la única manera de sobrevivir sino la única forma de alcanzar nuestra verdadera condición: la condición humana.

Aún puede sonreír.

Al final del libro hay una escena profundamente conmovedora: Noica descubre, al salir de la cárcel, que lo ha perdido todo: los amigos, a quienes denunció sin darse cuenta, la familia que huyó de Rumanía... la patria misma. Todo se lo han arrebatado. Y llora sobre su soledad. Se siente desprendido de todo. Pero no todo lo ha perdido: aún puede sonreir, aún puede estrechar la mano que lo ha maltratado y le ha robado todo. Una cosa no han podido quitarle: su humanidad. Ahí está la grandeza de este hombre. Ha vencido a la lógica del poder porque ha accedido a una lógica mayor y mejor: la lógica del amor. El hombre desprendido de todo es libre. Esa es la victoria de Constantin Noica. Es libre para amar, incluso a sus enemigos. El que está dispuesto a dejarlo todo es el único que puede seguir a Jesús, nos dice el evangelio. «El que quiera salvar su vida la perderá. Pero el que esté dispuesto a entregar su vida, la salvará».

CAPÍTULO IV

EL PODER DE LOS SIN PODER, Vaclav Havel

Checoeslovaquia, el país de la primavera interrumpida.
Entre el libro de Milosz y el de Havel, median casi 30 años. Muchas cosas ocurrieron en el mundo durante ese período histórico conocido como Época de la «Guerra Fría» —«época de guerra improbable y de paz imposible», al decir de R. Aron. El mismo año en que Milosz publicaba su libro en Francia, fue el de la muerte de Stalin. Desde la muerte de Stalin comenzó el proceso que lo enterró, no ya solo como «individuo» (por un tiempo «el padrecito de los pueblos» acompañó a Lenin en el Mausoleo de la Plaza Roja), sino como símbolo. El discurso «secreto» de Khrushchev en el XX Congreso del PCUS, en la noche del 24 al 25 de febrero de 1956, enterró el stalinismo, al hacerlo responsable de todo el horror que el mismo Khrushchev hizo público en su discurso.

El golpe que esto supuso a la mitología comunista y a la idea que la propaganda soviética había vendido a lo largo de sus casi 40 años de existencia, será incalculable. !Y esta vez no lo decían los enemigos, sino el máximo representante de la ortodoxia reinante, el antiguo colaborador y ahora sucesor de Stalin! El impacto será profundo y duradero, tanto entre los comunistas como entre los que no lo son.

El discurso atacará a Stalin desde dos vertientes muy concretas: como «secretario general del partido», lo hace responsable de las purgas y liquidaciones o deportaciones de los miembros del partido, olvidando el alto precio que pagó el pueblo y la sociedad soviéticos por causa de los descabellados planes de Stalin, sobre todo por su «política» contra los kulacs, su proyecto de industrialización acelerada y con «la construcción del socialismo en un solo país». El discurso de Khrushchev, no hay que olvidarlo, era «secreto»: estaba dirigido a los miembros del partido, no a la sociedad como tal. Pero Khrushchev atacará a Stalin también como «mariscal», jefe de la «Gran Guerra Patria» porque además de su cobardía, incompetencia y jactancia, se aprovechó de la guerra para forjar nuevas cadenas a los pueblos de la Unión Soviética. A esto se le llamó «culto a la personalidad» y reveló el naufragio que sufrió la Revolución de Octubre al caer en el voluntarismo que hace del poder del jefe, un poder omnímodo, incontestable e incontrolable.

La desestalinización puso en entredicho los dos resortes del régimen soviético: **la ideología y el terror**. La primera se había corrompido en manos de los jefes, el segundo, ejercido en contra de los mismos comunistas, era un Saturno que acababa devorando a sus propios hijos. Pero fue insuficiente, porque quedó ella misma presa del sistema que pretendía exorcisar. Como ha dicho F. Furet:

> *«Y es que el culto a la personalidad, según Khrushchev, no remitía sino a la paranoia particular de quien había hecho de ese culto un medio de dominación arbitraria. El concepto condensa en un solo hombre y en su sicología todo lo que el régimen tuvo de inhumano. Es una denuncia del estalinismo en términos estalinistas, y tiene la virtud de que permite ahorrarse la dificultad del análisis y el dolor de la confesión».*[47]

O el comentario que por aquellos tiempos vertió Sartre, el 9 de Noviembre de 1956, refiriéndose a la intervención de Khrushchev en el XX Congreso:

> *«Pero el resultado ha sido descubrir la verdad a unas masas que no estaban preparadas para recibirla. Cuando se ve hasta qué punto entre nosotros, en Francia, el informe sacudió a los intelectuales y a los obreros comunistas, entonces podemos apreciar en qué medida los húngaros por ejemplo, estaban poco*

---

[47] F. Furet. Ibídem 524.

preparados para comprender ese aterrador relato de crímenes y de fallas, dado sin ninguna explicación, sin análisis histórico, sin prudencia...»[48]

Las consecuencias no se dejan esperar: revueltas populares en Alemania del Este, Polonia y Hungría. Se ve una clara diferencia de reacción en la URSS y en los «satélites». En la URSS el fenómeno de la opinión carecía de fuerza autónoma, la sociedad estaba demasiado sometida y por demasiado tiempo. Pero en los otros países del bloque había una historia nacional, una memoria de otra época democrática o independiente y una tradición de participación política de la sociedad: por eso ante la revelación del horror estaliniano reaccionan más virulentamente. La consecuencia será una revolución anticomunista en Hungría y el cambio de casi todos los jefes del antiguo «aparato» estalinista, no solo en la URSS sino en los países vecinos.

Tanto las revueltas obreras en Checoslovaquia como en Berlín Oriental, en el mismo año de la muerte de Stalin, comienzan a presagiar tormenta. Esta llegará en Octubre de 1956, cuando el pueblo húngaro desafíe los tanques soviéticos, apoyados por el Jefe del gobierno, Imre Nagi, y por el jefe del ejército, Pal Malater. Ambos perderán la vida, víctimas de la traición de los soviéticos. El «acontecimiento húngaro» revela un nuevo despertar en la conciencia de los pueblos oprimidos del Este:

«Los rebeldes del verano de 1956 crecieron en esa mentira de grado o por fuerza; pero la desaparición del engaño libera mas aún a quienes estaban convencidos que a quienes se habían sometido a él. La costumbre militante se encarga del resto, dándole a todo el episodio la alegría de haber recuperado un discurso verdadero. Al levantarse contra la opresión soviética en nombre de sus esperanzas frustradas o de sus libertades escarnecidas, esos jóvenes no pretenden volver al pasado y

---

[48] Ibídem 24 (La cita de *El Discurso* de Sartre aparece en nota al pie de página).

restaurar no se sabe qué. Lo que quieren es salvar la idea socialista del naufragio al que la ha arrastrado la historia de la URSS, así como renovar el espíritu de Octubre para oponerlo a la tiranía que el mismo engendrara».[49]

La Primavera de Praga floreció en «loor de multitudes»

En la década de los 60 en los diferentes partidos del Este, estos cuestionamientos del sistema se van a suscitar y profundizar, y acabarán imponiéndose como necesidad de cambios sustanciales en la esfera de la economía y la política. Pero esta vez, a Checoeslovaquia le tocaría las de perder. Por esos años, nadie llegó tan lejos como los checos. La Primavera de Praga floreció en «loor de multitudes», apoyada por el pueblo y en especial por los jóvenes. La elección de un nuevo primer secretario del partido, Alexander Dubcek, en enero de 1968, como respuesta al enfrentamiento de éste con la línea dura del partido, representada por Novotny, el anterior primer secretario del PCCH, fue la señal de que los tiempos estaban cambiando.

La respuesta soviética no se hace esperar: aparecen cada vez más críticas a la dirigencia checa en la prensa de la URSS, mientras en Checoeslovaquia la Asamblea Nacional decide en junio la abolición de la censura de prensa. El propósito de los dirigentes comunistas checoeslovacos era la edificación de un «*socialismo de rostro humano*», un socialismo democrático que permitiera la participación del pueblo y contara con él.

El 21 de agosto entrarán las tropas del Pacto de Varsovia en Praga. Fue la humillación de los deseos y esperanzas de un pueblo que quería ser artífice de su propio destino. La invasión demostró que no había esperanza de cambio en un sistema que se negaba a tomar en cuenta los legítimos intereses de la gente, sus anhelos de libertad y de justicia. La así llamada «normalización» de la situación, «se convirtió en

---

[49] Ibid. 520.

la conservación de las deficiencias y de nuestro atraso, que se manifestaba tanto en el desarrollo económico como en el social».[50]

La Primavera de Praga es una estación más en el largo vía-crucis de los países que habían caído bajo la égida del totalitarismo estaliniano. Pero la lucha de la que fue signo y anuncio, al igual que la revolución húngara del 56, forma parte de un largo proceso que se inició con la muerte física del «gran dictador» y sus «funerales políticos» posteriores, la así llamada «desestalinizacion». La consecuencia de todo este proceso fue que el sistema soviético en la URSS y en los paises del bloque pasara de totalitario a «postotalitario». La Primavera no terminó de florecer, pero el deshielo había ya comenzado...

Vaclav Havel: de la prisión a la Presidencia.

Vaclav Havel fue un auténtico «outsider» del sistema imperante en su país. Hijo de una familia acomodada y culta, le fue denegado el acceso a la Universidad, lo que le permitió permanecer al margen de la indoctrinación oficial y de la ideología totalitaria... sin que por eso, y este es un detalle interesante, le fueran cerradas las puertas de acceso a una sólida cultura, que sin dudas, quedó potenciada por su genialidad. Esa cultura, ajena a la implantada e impuesta por el comunismo, será el caldo de cultivo que le permitirá florecer como persona y como pensador. Su mundo, es el mundo de la eticidad, de la responsabilidad y de la culpa, y la conciencia del absurdo.

Su obra literaria es inseparable de su compromiso político. Según los conocedores de su pensamiento, si Havel escogió la dramaturgia como canal de comunicación y contacto artístico, fue por su carácter social, de influencia directa sobre el público. Si el talante que le dio a su dramaturgia fue el del «teatro del absurdo», fue porque pretendía «desrealizar» la política vigente, cuestionando la pretendida racionalidad del sistema, al mismo tiempo que urgía a la gente para que se preguntara sobre el sentido de la existencia.

---

[50] Miroslaav Vladyka, Checoslovaquia de ayer y hoy en *LA TRANSICIÓN DEMOCRÁTICA EN EL CENTRO Y ESTE DE EUROPA*, José Girón Edit. Univ. de Oviedo 1997, Tomo 5, pag. 156.

Vaclav Havel se convirtió, al decir de Javier Tusell, en «una figura esencial de la cultura checa a partir de la eclosión surgida en torno a la Primavera de Praga en 1968. Al mismo tiempo, empezó a jugar un papel fundamental en la disidencia política»[51]. Este hombre no solo logró ser tremendamente lúcido en cuanto a su visión del funcionamiento del sistema y la definición de sus mecanismos represivos, (como lo veremos en este capítulo, cuando estudiemos su obra), sino que tuvo el valor de enfrentarse al horror postotalitario, sin dejarse achicar por el miedo. Sobre él llovieron las condenas carcelarias en su país al msmo tiempo que los premios y distinciones internacionales más apreciados, incluido el Premio Nobel, fuera del mismo. Una contradicción de estos sistemas que oprimen al hombre es que, a los mejores y más dignos representantes de la sociedad, no les dan otro sitio que la cárcel («concediéndome el privilegio de ser huéspedes de su Majestad», como eufemísticamente, solía decir Gandhi de sí mismo).

Luchador pacífico en la fuerza de la verdad

Havel puso en marcha la iniciativa conocida como «Carta 77», el «Manifiesto» de la oposición organizada en Checoeslovaquia. Como el mismo Havel dice en el discurso que preparará para la recepción del «Premio de la Paz» de los libreros alemanes, (en 1989): «en el principio era la palabra», la frase que da inicio al Evangelio de Juan, y que expresa esa fe del luchador pacífico en la fuerza de la verdad y del amor, en el valor de las palabras que salen del corazón.

Cuando las cosas en Checoeslovaquia se pusieron al rojo vivo, en 1989, Vaclav Havel salió de la cárcel para convertirse en el primer presidente democrático de su pais, tras largas décadas de tiranía. Su condición oficial de político-disidente al parecer lo ha inmunizado de las lacras tradicionales del poder: la solemnidad vacía y la pompa endiosante. Su sentido del humor y su salud quebrantada le hacen

---

[51] Javier Tusell, prólogo del libro de Vaclav Havel, *DISCURSOS POLÍTICOS*, Espasa Calpe, Madrid 1995, pag. 11-12.

recorrer los largos pasillos del Palacio Real de Praga en una motoneta... que le ahorra tiempo y energía. Así, amable y burlón, me lo imagino. Sensible y atento a la gente de a pie, cercano a su pueblo y consciente del peso que lleva sobre sus espaldas: no traicionar la confianza que millones de hombres checos, o no, hemos depositado en él.

Del totalitarismo al postotalitarismo: un intento de caracterización.

En su libro «Problems of Democratic Transition and Consolidation: Sothern Europe, South America, and Postcommunist Europe»,[52] hoy por hoy considerado como «Biblia» de la «Transitología», J. Linz y A. Stepan presentan un cuadro sinóptico con las características principales de los regímenes no democráticos en relación con la democracia. Hablando de los regímenes postotalitarios dirán (trato de resumir):

1.— **Con relación al pluralismo**: éste es limitado en los campos social, económico e institucional. Pero políticamente el partido conserva formalmente el monopolio del poder. Podria haber una economía «paralela» pero el estado sigue teniendo la presencia dominante. La mayoría de las manifestaciones de pluralismo surgieron fuera de la tolerancia oficial, en las estructuras o grupos disidentes, formados en la oposición al régimen totalitario. En una fase más avanzada del postotalitarismo, la oposición crea una «segunda cultura» o «sociedad paralela».

2.— **Ideología**: sigue existiendo como parte de la realidad social, pero con una fe y obligaciones debilitadas respecto de la «utopía». El énfasis se centra en un consenso programático que se basa presumiblemente en una toma de decisiones racionales, sin insistir mucho en el debate ideológico.

---

[52] Juan Ling y Alfred Stephan, *PROBLEMS OF DEMOCRATIC TRANSITION AND CONSOLIDATION SOUTHERN EUROPE, SOUTH AMERICA AND POSTCOMMUNIST REGIMES*, Baltimore, Johns Hoppkins University Press, 1995 pags. 38-54.

3.— **Movilización**: líderes y pueblo disminuyen su interés en las mismas. Movilizaciones rutinarias de la población para obtener un grado mínimo de conformidad y cumplimiento. Muchos cuadros y militantes son meros «cazadores de puestos» y oportunistas. El aburrimiento y la retirada de la población al ámbito de su vida privada son un hecho consumado.
4.— **Liderazgo**: aumenta la seguridad personal de los dirigentes. Los chequeos en el liderazgo son a través de las estructuras del partido (no de la Seguridad, como en la época totalitaria) y crece la «democracia interna». Los más altos líderes pocas veces son carismáticos. La ascensión a los más altos puestos está reducida al partido oficial, pero menos dependiente de su control «político». Los líderes pueden venir de los tecnócratas del partido en el aparato del estado.

(Para una comparación, pongo al final, como excursus, la hoja sinóptica de la que he tomado esta caracterización sintética).

Tratando de caracterizar al sistema postotalitario, Havel dirá que éste, por una parte, ya no puede basarse en la sola y brutal arbitrariedad del régimen totalitario y por otra, ha llegado a un punto tal de inmovilismo que es incapaz de asimilar los aportes del mundo de la vida. ¿Cuáles son para Havel las características del sistema?.

1.— Su pertenencia a un bloque mayor (el de las «democracias populares» o «el bloque de países socialistas»), que comparten entre sí los mismos principios y semejantes estructuras socioeconómicas y políticas, al servicio del «bloque» y de la potencia que lo encabezaba. Lo que le da una extraordinaria estabilidad: las crisis se resuelven con la intervención de los «países hermanos» y en último caso, del «Big Brother soviético».
2.— Su vínculo histórico con movimientos que fueron de avanzada y la correcta inteligencia de los conflictos sociales contemporáneos con el movimiento originario, le confieren un «pedigree» revolucionario que contribuye igualmente a la estabilidad del sistema.

3.—Su posesión de una ideología concisa, lógicamente estructurada, generalmente comprensible y muy elástica, que por su globalidad y exclusividad se asemeja, y casi alcanza, la relevancia de una religión secularizada. Da al hombre que se acoge a ella un sentido de «hogar», y respuesta para todo. Pero a costa de un alto precio: abdicar de su razón, su conciencia y su responsabilidad personal. Y esto, porque uno de los principios de la ideología es la identificación del centro de poder con el centro de la verdad. Ortodoxia y ortopraxis están en manos de la dirigencia.
4.— Sus mecanismos de poder, tan perfectos y elaborados, le permiten la manipulación directa e indirecta de toda la sociedad. A esto se añade la propiedad y uso de los medios de producción y la gestión centralizada de los mismos, que le da medios económicos ilimitados y le confiere, como gestor único de trabajo, la capacidad de manipular la vida de los ciudadanos.
5.— Sus motivaciones últimas como sociedad, y su jerarquía de valores, son las mismas que observamos en los paises avanzados de Occidente las típicas de una sociedad consumista e industrial, con todas sus consecuencias sociales y espirituales.

Si tratamos de coordenar las dos caracterizaciones —de Linz y Stepan por una parte y de Havel por otra— observaremos que los dos primeros tratan de ver el sistema en sus aspectos objetivos, en relación con diversos tipos de sistemas estudiados (totalitario-postotalitario-autoritario-sultanístico y democrático) en cuatro aspectos tomados como criterios valorativos para cada uno de ellos. La mirada de Havel es más global, por una parte, y baja más a lo concreto por otra: no nos ofrece tanto lo que lo distingue del sistema en su versión totalitaria, sino aquellas características que lo definen en sí mismo. En un cierto sentido se puede decir que volvemos a los elementos sincrónicos y diacrónicos, a la doble mirada del politólogo y del historiador. En ambas perspectivas salen a relucir los mecanismos de poder, pero ya no tan dependientes del «lider máximo», porque el sistema se ha burocratizado: el carisma personal ya no resulta una característica esencial como sí lo fue en el modelo totalitario.

La manipulación sigue siendo la base del Sistema.

En ambas caracterizaciones se ve el mismo fenómeno de retirada a lo privado, que ahora no solo será permitido sino que incluso es buscado por los dirigentes: éstos ya no piden «una fe viva», sino una pasiva aceptación del statu quo, para el consiguiente mantenimiento del sistema. Hacer «como si... aunque no». La manipulación sigue siendo la clave del sistema, pero ahora se busca la complicidad de la gente, su aquiescencia pasiva. Antes se proclamaba como gran ideal la solidaridad —de ahí el aprecio por las movilizaciones— porque se quería contar con la «masa» y se intentaba crear un sentimiento y una conciencia de masa. El sistema postotalitario en cambio, quiere atomizar, evitar la solidaridad que ahora podría «movilizar» a la gente pero en contra de la arbitrariedad e injusticia del sistema.

Pero el punto 5 que menciona Waclav Havel es verdaderamente interesante: las motivaciones últimas y la jerarquía de valores han cambiado. Ahora serán las mismas de Occidente, en una clara referencia a la «teoría de la convergencia» entre las sociedades altamente desarrolladas, o post-industriales. Los del «Norte» se dan la mano y el consumismo se impone en las antiguas patrias de «la igualdad y la solidaridad». Esta lógica, que supone la primacia de lo económico sobre lo político, fue una de las causantes del descalabro del sistema. No solo en las categorías mentales de la gente, sino en su misma lógica interna. Aunque sin abandonar, como veremos en el texto de Havel, la autocinesis propia del sistema, que busca perpetuarse a sí mismo, pero tratando de justificar su existencia, son capaces de buscar el bien de la gente a través del respeto a una «legalidad socialista». Mas la lógica profunda seguirá siendo el poder absoluto, mediante el control absoluto.

Finalmente, es importante señalar, como Vaclav Havel puntualiza, que al llamar al sistema postotalitario, no se pretende afirmar que éste haya dejado de ser totalitario:

«...todo lo contrario, quiero decir que es totalitario de modo sustancialmente distinto de las «dictaduras clásicas» a las que normalmente va unido en nuestra conciencia el concepto de totalitario».[53]

Cómo funciona de hecho el sistema

¿Cómo funciona de hecho el sistema postotalitario? Havel pondrá el ejemplo del director de la tienda de verduras, que recibe un cartel de eslogan y lo coloca en la vidriera de su escaparate junto con las verduras. El ni lo ha leído. Las personas que pasan delante de la vidriera tampoco lo leerán. Puede que el verdulero ni siquiera esté de acuerdo con el eslogan. Pero al colocarlo, ha cumplido un «rito social»: ha obedecido la consigna de colgar el cartel. Se ha inmunizado contra la sospecha de ser desleal al régimen. Esa es la función de la ideología: sirve de coartada, «da al hombre, en cuanto víctima y sostén del sistema postotalitario, la ilusión de estar en consonancia con el orden humano y del universo».

Por la complejidad de la sociedad, por lo externa que resulta la unión de los individuos entre sí, mayor importancia adquiere «la coartada» ideológica como puente que permite el acceso al hombre por parte del poder, y viceversa. Pero debemos entender que este poder no es otro que el de realizar lo que Havel llama la *«autocinesis»* del sistema, a cuyo servicio está el mismo dirigente.

La función de la ideología es llenar el abismo, como coartada-puente, entre los planes del sistema y los planes de la vida, dando a entender que las intenciones del sistema derivan de las necesidades de la vida. Lo que no es cierto, pero funciona como si lo fuera.

El tendero, al poner un cartel, no proclama su pensamiento personal: envía un mensaje que podria expresarse asi: «yo, X, tendero de verduras, estoy aquí y sé lo que tengo que hacer, hago lo que debo y por lo tanto nadie me puede reprochar. Obedezco, luego tengo derecho

---

[53] Vaclav Havel, *EL PODER DE LOS SIN PODER*, Ed. Encuentros, Madrid 1990, pag. 20.

a una vida tranquila». Este mensaje está dirigido a la cúpula, a los jefes de los tenderos. Si el cartel que el tendero coloca fuera realmente explícito diría algo como esto: «Yo, X, tengo miedo y para no buscarme problemas obedezco sin chistar poniendo este cartel». Pero seguro que el tendero se negaría a poner en su escaparate una indicación tan explícita de su humillación. La ideología-coartada sirve para esto: para encubrir la verdad y para presentar como «elevada», como una cuestión de principios, la humillante realidad del modo de vida postotalitario, ante uno mismo y a los ojos de los demás.

Por eso la mentira es el quicio mismo sobre el que se asienta el sistema, que tiene que mentir sobre el pasado, el presente y el futuro, que vive falseando los datos estadísticos, y los objetivos mismos que lo mueven a actuar. El poder se convierte en prisionero de sus propias mentiras: «Miente cuando dice que respeta los derechos humanos. Miente cuando dice que no persigue a nadie. Miente cuando dice que no tiene miedo. Miente cuando dice que no miente».

El individuo no está obligado a creer en esas mentiras evidentes: pero debe comportarse como si creyera en ellas, tiene que soportarlas en silencio, y callar lo evidente, como en el cuento de marras, no se puede decir que el rey está desnudo... Y esto se llama **vivir en la mentira**. Nada ratifica, consolida y contruye más al sistema que esto. Esto es: «aceptar las reglas del juego», jugar con las reglas que te impone el poder para autoperpetuarse. Y al hacerlo, el tendero ha entrado en el juego y hace posible que el juego «sea». Cuando se ha introyectado, la ideología funciona como un instrumento de la comunicación ritual dentro del poder.

«La ideología, como interpretación de la realidad suministrada por el poder, está, pues, subordinada siempre al interés del poder; tiende, por tanto, intrínsecamente a emanciparse de la realidad, a crear un mundo de apariencia, a ritualizarse».[54]

---

[54] Ibídem. pag. 29.

El fenómeno más curioso es cómo la ideología viene a ocupar el lugar del poder, y también el lugar de la realidad: «no es la realidad la que actúa sobre la tesis, sino la tesis sobre la realidad: el poder, así, se refiere más a la ideología que a la realidad; extrae su fuerza de la tesis». En los regímenes postotalitarios la ideología hace de **realidad virtual,** como en esas películas que nos presentan sofisticadas tecnologías y te meten mediante un casco en la cabeza, de cabeza en otros mundos. Pero además, la ideología devenida en tesis y ritual parecería ocupar el lugar de los hombres, decidiendo sobre ellos. Por otra parte, al darle su consistencia interna al poder, la ideología se convierte en la principal garante de su continuidad. Al convertirse en un «diktat» que le viene impuesto, desde fuera y desde arriba (la ideología es anterior y superior al hombre de carne y hueso) lleva aparejada otra consecuencia: los líderes, —aun a pesar del enorme poder que la estructura centralizada pone en sus manos—, «no son más que una ciega función de la regularidad del sistema, regularidad en la que ellos ni cuentan ni pueden contar».

Rito, ideología y tesis.

Todo este andamiaje de rito, ideología y tesis, se apoya en una base frágil: la mentira. Su fuerza sin embargo es enorme, mientras el hombre no esté dispuesto a vivir en la verdad. Cada sujeto social se convierte en víctima e instrumento del sistema. Lo que supone que cada cual ha renunciado a su propia identidad en favor de la «identidad del sistema», y permite que así, convertida en norma común, ejerza presión sobre sus conciudadanos: a todos los niveles, desde el tendero a los altos cargos del gobierno y del partido. Ninguno es libre, pero son esclavos de manera distinta: **uno haciendo como que manda y el otro haciendo como que cree y obedece**, pero ambos manteniéndose dentro de la misma realidad mentirosa. Por eso todos son responsables y culpables por igual, aunque con diferente grado.

Rebelión

La puerta de salida de esta situación es la rebelión, nuestro tendero tendrá que violar las reglas de juego y rechazar el ritual: entonces se convertirá en un hombre libre, intentando «vivir en la verdad». Con ese gesto, nuestro tendero interpela a los demás, levanta el telón de la mentira y demuestra que se puede vivir en la verdad. Solo si es universal, la vida en la mentira sostiene su tinglado. *«Cualquier evasión la niega como principio y la amenaza en su totalidad».*

«En el sistema postotalitario, por tanto, «la vida en la verdad» no tiene solo una dimensión existencial (restituir el hombre a sí mismo), noética (revelar la realidad como es) y moral (ser un ejemplo) sino que tiene también una evidente dimensión política».[55]

La vida en la verdad tiene un explosivo e incalculable poder político. Ese poder reside en la esfera secreta de las intenciones reales de la vida, dentro de cada hombre. A este nivel está la conciencia humana, y se refiere a las aspiraciones profundas del hombre, a su sed de dignidad y al deseo de verdad: esta fuerza está oculta en toda la sociedad, incluso en aquellos que detentan las insignias del poder. Por eso, cualquier expresión de vida, en un sistema postotalitario, se convierte, indirectamente, en una amenaza política. Esto explica la disolución de esos regímenes que parecían tan amenazadores y todopoderosos. Pero solo llega a este grado de libertad y arrojo, quien no acepta sacrificar a la política su identidad humana.

Desmoralización es la base del sistema.

La crisis de la identidad humana está en la raíz misma de la crisis moral de la sociedad. Cuando un hombre elige la escala consumista de valores, «disperso en el marasmo de la masa y sin hacer pie en el orden del ser, aun sabiendo que su responsabilidad no se limita solo

---

[55] Ibid. pag. 43.

a su supervivencia, es un hombre desmoralizado». Y esa desmoralización es la base del sistema. Contrariamente, el vivir en la verdad, que supone una rebelión frente al poder que se impone como mentira, implica un propósito de comprender su propia y peculiar responsabilidad y por tanto, es una acción abiertamente moral. Hay aquí otra idea destacable: La vida en la verdad se convierte en el trasfondo principal de cualquier política alternativa e independiente. De aquí se desprende que «todas las consideraciones sobre el carácter y las perspectivas de esta política tienen necesariamente que tener en cuenta esta dimensión moral suya en términos de fenómeno político».

Quizá convenga dejar aquí esta caracterización de la acción del sistema totalitario y de la respuesta que provoca en el hombre que toma conciencia de esta «realidad» y de los mecanismos de dominación que la producen, para acceder a la «iluminación liberadora» mediante el compromiso con la verdad. Al convertirse en un modo de vida este compromiso revela al sujeto el sentido de su vida, lo empuja a la entrega solidaria y le da conciencia de su reponsabilidad moral con los demás. De aquí nace un nuevo despertar a la política, a una nueva política que conteste y se alce frente a la política opresiva del sistema. Pero eso conlleva a un descubrimiento del «aquí y ahora», de la sed que tiene todo hombre de verdad y justicia, y de la necesidad que tenemos de responder a esa sed y de afrontarla.

Para una fenomenología de la «disidencia»

En una sociedad democrática se entiende por *oposición política* a la fuerza política organizada en el plano del poder real, (un partido o grupo de ellos) que no está en el gobierno y quiere desarrollar un programa alternativo al de éste, a quien quiere desplazar del poder. El gobierno lo respeta y reconoce como parte natural e integrante del sistema político nacional, dentro de unas reglas cooptadas por el cuerpo social. Existe además la *«oposición extraparlamentaria»* que son fuerzas organizadas en mayor o menor grado integradas en el plano del poder real, que operan fuera de las reglas impuestas por el sistema y empleando medios diferentes a los habituales. Pueden ser pacíficas o violentas, más o menos legales, sobre todo en las dictaduras «normales».

Pero este tipo de oposición no existe en un sistema postotalitario. ¿Cómo se entiende o aplica este concepto en estos sistemas? Hay tres acepciones posibles:

1.— Personas o grupos de personas que están dentro de las estructuras de poder, en secreto conflicto con sus superiores, o por conceptos o por deseo de poder.
2.— Todo aquello que tenga un alcance político, que hace al sistema ser y sentirse amenazado: todo intento de «vida en la verdad», que enfrentan y traspasan las intenciones del sistema a mantener sus autocinesis de poder.
3.— Los grupos que manifiestan de manera estable y pública posiciones no conformistas e ideas críticas, que no ocultan su independencia de pensamiento, hasta llegar a autodefinirse como fuerzas políticas, o no. En este sentido, el concepto de «oposición» coincide con el de disidencia.

El gobierno de un sistema postotalitario concibe la oposición en el sentido que se ha indicado en el punto 2, esto es, en todo aquel que se sustrae a la manipulación general y de esa manera niega el principio de **la pretensión absoluta del sistema sobre el individuo**. Ahora bien, cualquier cosa, hasta la más inocente, tiene en una situación «postotalitaria» un peso político propio y peculiar, que lo coloca en la situación de ser considerado «oposición».

Como dice Havel, «acusar a alguien de «oposición» es como decir que proyecta derribar al gobierno y acabar con el socialismo (estando naturalmente a sueldo de los imperialistas); y hubo un tiempo en que tener impresa esta marca llevaba directamente al patíbulo».[56] Ahora bien, como ha dicho el mismo Havel, «Es natural que los que han decidido sin mas vivir en la verdad, proclamar en voz alta lo que piensan, solidarizarse con sus ciudadanos, crear a voluntad y comportarse en sintonía con su «mejor yo», no acepten que ésta su «posición»

---

[56] Ibid. pag. 68.

original y positiva, sea referida a lo negativo, mediatamente, y sobre todo que tengan que considerarse como los que están contra esto o aquello y no simplemente como los que son esto y aquello», y por eso más de uno ha rechazado esta definición de «oposición»,[57] cuando ellos se consideran en sí una «posición».

Por esa diferencia entre el concepto de «oposición» que se pueda tener en un país bajo régimen postotalitario, hay que destacar la especificidad del fenómeno «disidente», que sí es específico de este tipo de sistemas. Siguiendo a Havel, trataremos de definir que es propiamente un disidente:

1.— **Manifiestan sus posiciones no conformistas y sus criticas,** *pública y sistemáticamente,* dentro de sus posibilidades, y gracias a esto son conocidos fuera del país.
2.— En virtud de esto han adquirido también en su país una consideración más o menos grande ante la opinión pública y el gobierno, (aunque no hayan podido publicar nada en su país y aunque sean perseguidos por todos los modos posibles), pero disponen de un cierto poder real, que los libra de lo peor y les garantiza que las medidas persecutorias contra ellos no ocurrirán impunemente, sin complicaciones políticas para el gobierno.
3.— El radio de su horizonte crítico y su compromiso trasciende el estrecho espacio de su ámbito directo y de su interés concreto, y abarcando un carácter que aunque limitado, se podría calificar de «político», dejando a un lado la propia consideración al respecto del implicado, que puede considerarse a sí mismo en mayor o menor grado «fuerza política».
4.— Se trata de gente más bien preparada intelectualmente, gente «de pluma», pues la expresión escrita es el instrumento político principal, y quizá único, de que disponen y que puede atraer la atención sobre ellos, sobre todo en el extranjero.
5.— Son gente de las que se habla en el extranjero —cualquiera que sea su profesión— con más frecuencia en relación a su compromiso

---

[57] Ibid. pag. 69.

civil o al aspecto crítico-político de su trabajo que en relación con su «otro trabajo» específico. El «disidente mismo» llega un momento que se ve a sí mismo como tal, y que solo en sus «tiempos libres» y ocasionalmente, realiza un «oficio» (de escritor o científico).

El ser disidente no es una profesión, sino una condición.

Sin embargo, Havel nos dirá que el ser disidente no es una profesión, sino una condición: es simplemente un físico, un sociólogo, un obrero, un poeta que «se comporta como siente que debe hacerlo y que solo la lógica interna de su pensar, obrar y trabajar (en confrontación con las circunstancias externas ocasionales) le ha llevado —sin premeditación o complacencia— a un choque abierto con el poder» y no alguien que ha decidido comenzar una «carrera del descontento» de profesión, como alguien que decide hacerse artesano.

> *«En general se adquiere conciencia de ser un disidente cuando ya se es desde hace tiempo, y esta postura es la conclusión de sus concretas tomas de postura en la vida, sugeridas por razones muy distintas de la búsqueda de éste o aquél título y sus tomas de postura y su trabajo concreto no son la conclusión de un propósito ya tomado de ser un disidente. En resumen, la disidencia no es una profesión, aunque uno le dedicara las 24 horas del día; por el contrario, es ante todo y sobre todo, una postura existencial que por lo demás, no es monopolio de los que —respondiendo quizá a esas condiciones casuales exteriores de que se ha hablado— se adornan con el título de disidente».*[58]

Una pregunta que surge con espontaneidad es: ¿cómo el gobierno permite, con todo el poder que le asiste y la arbitrariedad que lo caracteriza, el fenómeno de la disidencia?. Ha habido factores internaciona-

---

[58] Ibid. pag. 73.

les, el mismo carácter del poder postotalitario, en relación al poder totalitario, la progresiva debilidad del régimen y el creciente valor de una población que en los disidentes alcanza su voz y su estandarte. Y aunque el gobierno presenta a los disidentes como grupúsculos insignificantes que «nada representan en la sociedad», en realidad los percibe como una tremenda amenaza a su propio poder, al darse cuenta «de qué mundo nace con lo que este grupo hace y a qué mundo se dirige: al mundo de la cotidianidad humana, de la tensión cotidiana entre intenciones de la vida e intenciones del sistema».[59] No se le teme a la disidencia por ser un grupo alternativo del poder estatal, que como éste, se mantiene por encima de la sociedad, se le teme porque son «gente común», con preocupaciones comunes, y que solo se diferencias de los demás porque dicen en voz alta lo que los demás no pueden o no tienen el valor de decir.

«Institucionalizar en una categoría elegida a los «disidentes» famosos o de relieve significa realmente negar el muy particular punto de vista moral de su acción. Hemos visto que eso es precisamente el principio de igualdad de derechos basado en la indivisibilidad de los derechos y libertades del hombre de donde se derivan los «movimientos disidentes»: ¿acaso los «disidentes famosos» no se han reunido en el KOR (Comité de Autodefensa Social) para defender a obreros desconocidos y acaso no se han convertido precisamente por eso en esos disidentes famosos?».[60]

En Checoeslovaquia, bajo la inspiración del T.G. Masaryk, se había impuesto el concepto del «trabajo por la nación», como una forma de realizar un trabajo honesto y responsable, con la intención de suscitar una creatividad y una conciencia nacional. A esto lo llamaba Masarik un «trabajo minucioso».

Ese concepto ha inspirado la acción y actuación de los disidentes checos y eslovacos frente al poder postotalitario. «Estos hombres

---

[59] Ibid. pag. 77.
[60] Ib .pag. 75.

parten de la premisa justa de que todo buen trabajo es indirectamente una crítica a una mala política» y «el trabajo minucioso choca con el muro del sistema postotalitario y se encuentra ante el dilema: dar marcha atrás, renunciar a la lealtad, a la responsabilidad y a la seriedad en que se basaba y adaptarse (actitud mayoritaria) o seguir adelante por el camino emprendido y llegar inevitablemente a una confrontación abierta con el poder (actitud minoritaria)... La disidencia no es en efecto una alternativa a la concepción del «trabajo minucioso» de Masarik, sino que quizá es, por el contrario, su *única salida posible*».[61]

Vida independiente de la sociedad.

En conclusión, la actitud disidente está inspirada en el intento de realizar y sostener la vida independiente de la sociedad, como expresión articulada y eficaz de la vida en la verdad, esto es, servir a la verdad de modo articulado, organizando este servicio. La resistencia a la presión alienante del sistema es la consecuencia de aquella decisión.

Por otra parte, el sistema postotalitario desencadena un ataque moral contra el hombre inerte, solo y desamparado. Por eso, los movimientos disidentes asumen un carácter destacadamente defensivo: defender al hombre concreto y las intenciones reales de la vida contra las intenciones del sistema, que busca, según su propia auticinesis, autoperpetuarse en el poder a costa del hombre. Por eso el problema es, mas que político, un problema de vida. Y enfocarlo de esta manera, que va mas allá de las concepciones políticas tradicionales, es no solo el camino más real sino el más coherente. El objetivo es el hombre concreto y su servicio, no el poder y la toma del poder.

Ahora bien, la defensa del hombre se puede hacer de dos maneras: por la legalidad o por la rebelión, armada o sin armas. En un régimen postotalitario la segunda de las posibilidades no tiene cabida: la situación en estos regímenes es estática y estable, la crisis social suele estar en estado latente; una sociedad somnolienta, empeñada en la

---

[61] Ibid. pag. 77-78.

consecución de valores consumistas y «pringada» por el sistema postotalitario, del que es partícipe y soporte, encajaría la rebelión como un ataque a sí misma. Pero además de esta razón de orden realístico y «práctico», los movimientos disidentes eligen el principio de legalidad porque es el único que se aviene al carácter pacífico que los inspira. Ese cambio violento sería poco radical: lo que hay que cambiar es el espíritu humano, la capacidad de regeneración y sacrificio moral de la gente.

Con todo topamos con un problema: la legalidad es una de las armas fundamentales con que cuenta el sistema postotalitario. El que todo esté atado por el reglamento le es esencial al sistema (¡no en vano es su carácter burocrático!). El sistema utiliza las normas para manipular la vida y controlar la existencia del hombre «de a pie»: todo está limitado, codificado y controlado. Mas aún, la ley le sirve de coartada al funcionario, al policía, al abogado, al juez... El ordenamiento jurídico, las mismas leyes, son una fachada para encubrir la ominosa dominación estatal. «El ordenamiento jurídico no solo embauca la conciencia de los procuradores, sino también a la opinión pública, al mundo exterior y a la historia».

Si se encarcela y condena a la gente por el hecho de copiar o dar a leer una novela «prohibida», es porque la ley y los ordenamientos jurídicos vigentes así lo permiten. Sería técnicamente imposible, actuar de esa manera sin la respetabilidad que da el ordenamiento jurídico y su ritual vinculante. ¿No es contradictorio apelar a la ley en una situación como ésta? ¡Pues no lo es!. Si el sistema no puede funcionar sin la ley, se le deja sin capacidad de respuesta cuando se exige el pleno y real cumplimiento de la ley. Por eso se les pide aplicar las reglas: si no, se quedarían sin coartada. La apelación a la ley es, según Havel, «un acto de «vida en la verdad» que amenaza potencialmente a todo el mentiroso andamiaje, precisamente en su falsedad».

Cuando se les enfrenta, los «servidores» de la ley se muestran escrupulosos en servirla, pues ellos mismos pueden ser acusados de ineptitud «en la ejecución del ritual»: ese miedo acaba regulando la arbitrariedad, frenándola y limitándola. Las leyes y las instituciones tienen un carácter servil, jamás realizan lo mejor, sino que están al servicio de lo «menos malo». La vida mejor es la obra del hombre y de su libertad comprometida, que le da contenido y sentido a la existencia humana.

Pero la ley y su reclamo de cumplimiento puede ponerse al servicio del hombre y esto pretenden los movimientos «disidentes».

Desarrollo de las estructuras paralelas.

La fase siguiente y más madura en este camino de reconstrucción moral de la sociedad es el que Vaclav Benda llamó «desarrollo de las estructuras paralelas». La vida en la verdad, vida independiente de la sociedad, se organiza según sus propios principios y de manera paralela a la «oficial». Es un fenómeno eminentemente cultural: surge «otra cultura, marginal, independiente, que no pasaba por los filtros y estructuras oficiales: samizdat para libros y revistas, exposiciones de pintura, conciertos, conferencias... Benda se refiere incluso a la posiblidad de redes paralelas de información, sindicatos paralelos, relaciones paralelas con el exterior, economía paralela, hasta el concepto más englogante de una «polis paralela». Hasta llegar a una vida política paralela. Este proyecto supone querer fundar la vida propia sobre bases nuevas: la de la propia identidad verdadera opuesta a la falsa del opresivo sistema postotalitario.

Detrás de esta propuesta, se nos ofrece una prefiguración de solución general, que denota no una responsabilidad del hombre en sí y para sí, sino que por su esencia misma, es una responsabilidad hacia el mundo y por el mundo. Como ha dicho Havel: «la 'polis paralela' es indicativa y tiene sentido solo como acto de ahondamiento de la responsabilidad hacia el todo y por el todo, como desubrimiento del puesto más adecuado para este ahondamiento y no como huida de él».[62]

---

[62] Ibid. pag. 109.

CAPÍTULO V

INFORME CONTRA MÍ MISMO,
Eliseo Alberto de Diego y García-Marruz

Cuba o el soleado totalitarismo caribeño
Pocos movimientos insurgentes han provocado un apoyo tan unánime como el encabezado por Fidel Castro en la Isla de Cuba. A finales de 1956 un grupo de 82 hombres se lanzó al mar en aguas mexicanasas con rumbo a Cuba. Apenas 12 expedicionarios sobrevivieron al ataque del ejército del dictador Fulgencio Batista al llegar a costas cubanas. Salvados gracias a la ayuda brindada por los campesinos de la zona,[63] ya preparados por el trabajo insurreccional previo realizado con ellos por los dos organizadores internos del movimiento, el santiaguero Frank Pais y la manzanillera Celia Sánchez, este grupo de expedicionarios y campesinos fue el núcleo que después se convertiría en el «Ejército Rebelde» del «Movimiento 26 de Julio». El nombre de «26 de Julio» hacía referencia al intento fallido de asalto al «Cuartel Guillermón Moncada», una de las más importantes fortalezas militares de la Isla, enclavada en la Ciudad de Santiago de Cuba, la segunda más poblada e importante del país, suceso ocurrido tres años antes.

El asalto al Cuartel Moncada lanzó a las arenas de la política nacional a un joven abogado que desde sus años de estudiante, ya había manifestado sus preocupaciones políticas. Fidel era miembro del «Partido Ortodoxo» de Eddy Chibás. En 1951, Eddy se había suicidado de un pistoletazo, cuando terminaba un popular programa de actualidad política de frecuencia semanal en la radio nacional. El

---

[63] Carlos Franqui, «*Vida, aventuras y desastres de un hombre llamado Castro*», Ed. Planeta, Barcelona 1988, pag.97.

«último aldabonazo» de Eddy Chibas habia conmovido a toda la población. Cuenta José Pardo LLada que en el velorio de Chibás, un Fidel muy agitado le propuso, «llevarse al muerto con ellos, y asaltar el palacio presidencial, féretro por delante, para obligar a Carlos Prío Socarrás, (el presidente constitucional a quien poco después derrocaría Batista) a dejarles el gobierno. Pardo Llada, (un periodista y político muy influyente y conocido) «sería presidente y él, Fidel, tomaría la jefatura del Ejército». Fidel Castro se enfrentaría al general y senador Fulgencio Batista, expresidente de Cuba, poco después, por haber depuesto mediante un golpe de estado militar, a Prío Socarrás... aquel presidente que él mismo quiso «sacar de palacio» con el cadáver de Chibás.

La anécdota anterior refleja mucho del arrojo sin límites y de las ideas y métodos de un Fidel Castro que ya desde entonces tenía un objetivo claro y determinado: el poder. Sus compañeros de escuela y universidad solian llamarlo «el loco». Pero era un loco con arrastre, como después se vio. Cierta o no, la frase que se le atribuye a José Lezama Lima, retrata lo sucedido con aquel joven después, cuando al fin logró convertirse en «el hombre fuerte de Cuba», en el «Caballo», en el «Uno»[64]: «el hombre que pareció que iba a abrir todas las puertas, acabará, al final, cerrando todos los caminos». No cabe dudas de que los poetas tienen una especial capacidad de intuición respecto del futuro...

Se ha discutido mucho, dentro y fuera de Cuba, si el Fidel del Moncada y de la Sierra era, o no, marxista. Su hermano Raúl estaba vinculado ciertamente al PSP (Partido Socialista Popular) que era el nombre que tenía el partido comunista en Cuba. Según ha relatado Carlos Franqui, cuando en la Sierra se discutía acerca de la ideología o tendencia política en que se inspiraba el «movimiento» Fidel no se pronunciaba, recalcando que lo importante era mantener la unidad del

---

[64] Algunos de los nombres que el pueblo le da a Fidel... los hay más y menos «respetuosos».

mando (por supuesto, en torno a él). Luego habría tiempo de discutir ese asunto, después de lograda la victoria...

En 1953 Monseñor Enrique Pérez Serantes, Arzobispo de Santiago de Cuba, le había salvado la vida a Fidel y a los otros sobrevivientes del asalto al Cuartel Moncada, al lograr el compromiso del coronel del Río Chaviano, jefe militar de la Capital Oriental, de respetar las vidas de los asaltantes fugitivos[65], e incluso él mismo fue personalmente a buscarlos a las montañas donde se habian refugiado, para garantizar el cumplimiento de la palabra del Coronel, (de hecho, los soldados ya habían asesinado inmisericordemente a los que habian caído prisioneros dentro del cuartel y del cercano Hospital Militar «Saturnino Lora»).

En Diciembre de 1958, cuando Fidel Castro, practicamente vencido el ejército batistiano, estaba a punto de entrar en Santiago y se discutía la rendición de la ciudad con la dirección militar de la misma, El viejo Arzobispo, hombre de gran sabiduría y no menos valor, reunió a las «fuerzas vivas» de la Ciudad y les preguntó si le iban a entregar sin condiciones la ciudad a Fidel Castro. La gente, que en su mayoria eran simpatizantes e incluso firmes seguidores del movimiento, le contestaron que sí. El arzobispo, preocupado, les hizo ver que al entregarle la ciudad pondrían a su disposición la isla entera, y que al hacerlo festinadamente «entregarían incondicionalmente» del país. Pero la gente insistió en dar un voto de confianza irrestricto. Cuentan que Mons. Serantes levantó los brazos en alto y los dejó caer diciendo, con una expresión muy típica de quien no puede hacer más de lo que ha hecho: «bueno, allá ustedes». De madrugada sacaron al Arzobispo de la cama para que fuera a presidir «la toma de posesión» del nuevo dirigente político del país, en la Alcaldía de Santiago, situada frente a la Catedral. Fidel mismo lo había mandado a buscar.[66] La anécdota revela hasta que punto la victoria de Fidel fue arrolladora e incuestionada.

---

[65] *La Voz de la Iglesia en Cuba*, Colección de 100 Documentos episcopales, Ed. Obra Nacional de la Buena Prensa, México 1995, pag 36-37.

[66] Testimonio de colaboradores cercanos del Arzobispo oídos por el autor.

Fidel Castro había declarado paladinamente al periodista Herbert Mathews del «New York Times», en una entrevista hecha en la Sierra Maestra que dio la vuelta al mundo, que él era un demócrata, un luchador contra la tiranía de Batista, y que su propósito era establecer la democracia en Cuba, haciendo que se cumpliera la «Constitución del 40»[67]. Pero ya desde principios de su gobierno, se vio que sus intenciones eran hegemónicas. A pocos meses destituyó al presidente provisional,[68] y aunque él solo era primer ministro, en realidad tenía un gobierno paralelo a través del Instituto Nacional de Reforma Agraria (INRA). Las nacionalizaciones de empresas nacionales y extranjeras, las confiscaciones de tierras y leyes como la de «la Reforma Urbana», que abarataba el alquiler de las casas, pero al tiempo expropiaba a los casatenientes (solo se podía tener una casa de vivienda y otra de descanso, en la playa o el campo), pusieron en manos del Estado toda la riqueza de la nación[69].

Las movilizaciones masivas de la población, las grandes concentraciones populares y el control cada vez mayor de la vida de la gente unido a la respuesta contundente dada frente a cualquier manifestación de oposición o disidencia (el caso más claro fue el del Comandante Huber Matos, jefe militar de Camaguey y uno de los más valientes y prestigiosos guerrilleros de la Sierra, quien simplemente por pedir la renuncia de sus cargos, después de declarar que temía por el giro hacia el comunismo que veía en la Revolución, fue no solo relevado, sino destituído de sus cargos y condenado a 20 años de prisión, que cumplió en condiciones infrahumanas). En poco tiempo se llenaron las cárceles de presos políticos y los fusilamientos tras juicios sumarísimos fueron la orden del día en el país.

---

[67] *Constitución de la República de Cuba, 1940,* Publicada en EEUU por la Asociación de Veteranos de Bahía de Cochinos, brigada 2506.

[68] El presidente Manuel Urrutia Lleó.

[69] Carmelo Mesa Lago, *«Breve Historia Económica de la Cuba Socialista. Políticas, resultados y perspectivas».*

La persecusión contra la Iglesia no se hizo esperar. También los obispos habían levantado su voz frente al clima de hostilidad contra la Iglesia, y frente a las irregularidades que se observaban en la vida política del país, sobre todo la falta de respeto a las más elementales leyes de convivencia ciudadana y de libertad política. Tras una escalada de tensiones y violencia de casi dos años (1959-1961), la expulsión de un obispo y de 131 sacerdotes fue la respuesta del gobierno, acompañada de campañas de desprestigio contra la Iglesia, en especial los obispos y curas «falangistas» y «pro-yankis», (lo primero por la cantidad de curas españoles que había en la Isla y lo segundo, porque se decía que la Iglesia era pronorteamericana y apoyaba una intervención militar de los americanos en Cuba).[70]

De los casi 800 sacerdotes que había en Cuba quedaron unos 200. Y otras 200 de las casi 3000 religiosas. En pocos meses se instauró el terror, que estuvo acompañado por el éxodo masivo de los que emigraban para EEUU y otros paises: el éxodo contínuo de los cubanos se ha convertido en una característica que ha acompañado a la vida nacional en los casi 40 años de gobierno comunista en la Isla.

Para una taxonomía del «período revolucionario»

Pero lo cierto fue que las promesas de elecciones democráticas y el retorno de la «Constitución del 40» no llegaron jamás. Un típico sistema comunista, de tipo totalitario, con todo lo que esto lleva aparejado, se instauró en el país. El profesor Jorge Domínguez, Catedrático Titular de Politología en Harvard y director del «Center of Internacional Affairs», en un reciente trabajo[71] ha identificado tres

---

[70] Arzobispo de la Habana, Mons. Evelio Díaz, montaba en cólera cuando oía llamar a la Iglesia pro-yanki: era, al igual que muchos miembros del clero cubano, profundamente nacionalista. Con la Intervención de 1898 se recordaba la invasión de las Iglesias protestantes, algo que al viejo arzobispo no le hacía ninguna gracia.

[71] Jorge Domínguez, *Comienza una transición hacia el autoritarismo en Cuba?*, en la Revista «Encuentro de la Cultura Cubana», Madrid, Nos. 6-7, otoño-invierno de 1997.

momentos, él los llama regímenes políticos, en la evolución del sistema político comunista en Cuba:

1.— El primero, que él llama **«revolucionario»**, fue el que más se aproximó a un **sistema totalitario**: altos niveles de movilización de masas, consolidación de una ideología oficial, que va a tener su momento culminante en 1968 con la «ofensiva revolucionaria"; ausencia de instituciones que permitan lograr representatividad a la sociedad civil; Altos niveles de represión y vigilancia frente a la oposición; débiles mecanismos burocráticos de diseño-ejecución-control de políticas del Estado; desaparición de la propiedad productiva no estatal, excepto un pequeño sector agícola; y poder monolítico y personalizado, en manos de Fidel y del incipiente partido comunista.

2.— A comienzos de los 70, y a raíz del fracaso de la «Zafra de los 10 millones», que dejó exhausto el país y en manos de la Unión Soviética. Sin desplazar del todo al primer modelo, este régimen **«burocrático-socialista»**, se caracterizó por una mayor y mejor capacidad burocrática de diseño, ejecución y control de las políticas del Estado y por una burocratización de los mecanismos políticos: mayor control organizativo interno del partido, que tiene vida propia y una eficaz y amplia manipulación de las organizaciones de masas. Falló la institucionalización a pesar del intento de lograrla. Reducción del papel interno de Fidel, concentrado en llevar adelante la política exterior, en especial las contiendas militares de los 70 y 80 (Angola, Mozambique, Etiopía, Namibia...). Decaen, sin desaparecer, tanto el fervor participativo, la fe ideológica y la represión (disminución drástica del número de presos políticos); pero se mantiene el control económico del estado sobre la economía y el trabajo y también se impide el desarrollo autónomo de la sociedad civil. Con todo, este régimen se podría caracterizar ya más de **«postotalitario»**.

3.— El tercer nivel habria que situarlo a raiz de la desaparición del bloque de países socialistas y la disolución de la Unión Soviética en los 90. Se agudiza el **proceso de desidiologización** que había comenzado en la etapa anterior: tanto la modificación del texto constitucional de 1992 como el Documento de discusión del V Congreso del Partido Comunista de Cuba[72] han perdido la típica referencia al marxismo de los documentos oficiales de etapas anteriores. Dirigentes y una parte de la población en los 60 creían en la ideología y la vivían, y en los años 70, trataron de plasmar esos ideales y valores oficiales en instituciones con carácter marxista-leninista. Ahora esa fe al parecer ha desaparecido, sustituida por el temor, la duda y el desconcierto. Pero veámoslo con mayor detenimiento en los siguientes puntos.

El Cambio de papel de las fuerzas armadas.

En Angola y Etiopía, las tropas cubanas lograron lo que no lograron los americanos en Viet Nam ni los rusos en Afganistán: salir victoriosas. El carácter «internacionalista» del ejército cubano, quijotescamente empeñado en «luchar contra los malos» allí donde hiciera falta, llenaba de orgullo a los seguidores del régimen. Pero ese ejército ya no obtiene victorias: en el año 94 tuvo que hacer frente, vestido de civil o con traje de policía, a su propio pueblo, que se levantó sin armas contra una situación de pobreza insostenible.[73]

Poco después diría Raúl Castro, Ministro de la Fuerzas Armadas Revolucionarias (FAR), «hoy el problema político, militar e ideológico de este país es buscar comida».[74] Por eso las FAR están dedicadas a establecer dotaciones agrícolas modelos, administradas por coroneles y trabajadas por jóvenes del SMG (Servicio Militar General),

---

[72] Granma Internacional (27 de mayo de 1997). Al citarlo, Jorge Domínguez apostilla; «Con gran sen- tido del humor, se llama Proyecto: El Partido de la unidad, la democracia y los derechos humanos que defende- mos».

[73] El 5 de agosto de 1994 varios miles de personas se lanzaron a las calles en la Habana, dando lugar a la primera revuelta popular importante en los años revolucionarios.

[74] Citado por Jorge Dominguez, articulo citado, Revista Encuentro. pag. 11.

dirigen tiendas y todo tipo de negocios, en una piñata que se ha adelantado al final del régimen y donde ya aparece el lucro personal para beneficio solo de los más altos personeros del sistema.

Pérdida de temor al Estado.

El Estado cubano ha tenido una larga y «exitosa» historia represiva, que se sintetiza en tres palabras: paredón, prisión y exilio. En los 70 y en los 80, «la revolución» no «tenía enemigos», al menos internamente. Pero en los 80 y 90 se han ido estructurando cada vez mas grupos de oposición («grupúsculos» los llama el gobierno) que se mantienen a pesar de la tenaz represión de que son objeto y de la fácil y cercana tentación de «irse» fuera del país. (Cuba «deporta» cada año una parte de la oposición: para ellos sí existe la facilidad de salir del pais). Esa oposición se ha ido vertebrando y aunque no ha podido realizar su más audaz propuesta (la de «Concilio Cubano»), una reunión de todos los grupos disidentes, por la represión oficial, el encarcelamiento de muchos de sus miembros y medidas especialmente drásticas. La fe en un futuro cambio de régimen, el apoyo internacional a los derechos humanos, y la incapacidad de que va dando muestra el gobierno en cuanto a mantener los niveles anteriores de represión, van haciendo perder el miedo al Estado.

Auge de la violencia.

El tradicional control del Estado totalitario y postotalitario se va perdiendo y esto provoca un aumento de la violencia, tanto criminal como política. Ambas eran bastante raras en los años de mayor control. Ya se sabe que en dictaduras puras y duras se puede caminar de noche por las calles sin problemas («como en tiempos de Franco», que dicen acá). Pero el crecimiento de la delincuencia criminal en Cuba es evidente. En menor cuantía, pero la violencia política también ha crecido: los disturbios del 5 de agosto de 1994 en la Habana, las explosiones de bombas en hoteles de la capital en 1997, sabotajes y protestas que no llegan a la prensa pero que ocurren por todo el país. Como dice Domínguez «la criminalidad el terrorismo y la protesta política son fenómenos muy distintos. Los dos primeros socavan las bases de la convivencia ciudadana y representan no solo un reto sino una amenaza para cualquier futuro ordenado, preferiblemente democrático, del país. Sin embargo, estos tres fenómenos provienen de una raíz común: el debilitamiento del Estado».

El resurgimiento de la sociedad civil.

En especial se destaca el resurgimiento de la Iglesia, a raiz y con motivo del Encuentro Eclesial de 1986 (ENEC), que 10 años después (1996) fue continuado por el ECO (Encuentro Conmemorativo del ENEC).[75] El crecimiento de la Iglesia, la audacia de los obispos al expresar sus criterios sobre la situación del país y la calidad de la participación de los fieles en la vida sacramental y apostólica es notable. La reciente visita del Papa mostró una Iglesia capaz de organizar la complicada logística del evento, capaz de llegar al pueblo y de movilizarlo aun sin tener, ni los medios masivos de comunicación, ni el adecuado acceso a los mismos. El resurgimiento de la «prensa católica» a pesar de la pobreza material de los medios, es impresionante en calidad y cantidad: «manteniendo un estilo respetuoso ante el gobierno éstas revistas trazan claramente su propia línea, proveen al lector con esquemas intelectuales independientes, y ofrecen información y análisis distintos de los oficiales».[76] De la misma manera cabe señalar el peso y extensión que tiene «Cáritas», la organización eclesial que gestiona, recibe y distribuye las ayudas internacionales que llegan al país a través de la Iglesia y que involucra a muchas personas en su actividad y facilita el crecimiento de una autonomía social independiente del Estado. Otro signo de resurgimiento de la sociedad civil es el debate en torno a temas económicos que han llevado adelan-

---

[75] Tuve la suerte de participar como responsable diocesano de la REC (etapa preparatoria del ENEC), miembro de la Comisión Central y redactor de los diferentes Documentos (de Consulta, de Trabajo y Final) del ENEC y mas tarde en el ECO.

[76] Entre estas revistas caben destacarse: «Vitral», de la Comisión de Cultura de Pinar del Río; «Vida Nueva» y «Vivarium» de la Arquidiócesis de la Habana; «Claras Luces» en Santiago de Cuba, entre otras.

te varios importantes centros de investigación, que el mismo gobierno y el partido promovieron en su momento. En marzo del 96, Raúl Castro denunció en el «informe del Buro político» la labor llevada adelante por estos centros, al parecer demasiado «independientes» de la linea oficial.[77] Y aunque hubo «medidas» represivas contra centros e investigadores, estos han sobrevivido «física y científicamente», pues siguen realizando sus investigaciones, porque se vio que estos economistas y sociólogos, estaban apoyados por funcionarios de alto y mediano nivel y porque, ante los ataques y posibles represalias, hubo un movimiento de apoyo internacional, incluso de investigadores de filiación izquierdista. Y es la primera vez en 40 años que intelectuales acusados de «comportamiento no aceptable» logran salir relativamente ilesos de un incidente. En diferentes ocasiones, en las granjas y escuelas, todas estatales, se han realizado críticas abiertas a la gestión económico-administrativa y aun política de las organizaciones de masas y/o estructuras que enmarcan la acción de esas instituciones. Lo mismo cabe decir de los movimientos comunitarios o de barrio, que tratan de suplir las deficiencias evidentes de la acción estatal.

Circulación de las élites.

Entre 1965-1980 no hubo cambio en la membresía del Buró Político del PCC. Al finalizar el IV congreso, solo quedaban cinco de los miembros que había en 1975. De una cúpula rígida, el sistema político pasó a tener una gran fluidez al menos en la composición de sus miembros. Y las nuevas caras son mucho mas jóvenes, lo que da esperanzas de que se puedan adoptar nuevas ideas e instrumentar nuevos estilos de hacer política.

Privilegios a extranjeros.

---

[77] Se refiere de manera especial a los acontecimientos ocurridos en torno al Centro de Estudios de América (CEA). Ver: Maurizio Giuliano, *"El caso CEA"*, Ed. Universal, Miami 1998.

Si algo caracterizó al gobierno cubano fue el nacionalismo económico que mantuvo por más de tres decadas. Uno de los primeros pasos del gobierno al acceder al poder fue la intervención de las empresas extranjeras. Pero hoy, el Estado estimula y protege esas empresas, que funcionan como enclaves injertos en, pero no parte orgánica de, la economía nacional. Esta actitud es consecuente con la de otros regímenes autoritarios pero no sería de esperar en los totalitarios o postotalitarios. Por desgracia el gobierno está copiando lo peor del capitalismo latinoamericano, al depender excesivamente de empresas extranjeras con concesiones monopólicas, (no hay libre competencia, sino que los funcionarios del estado negocian caso por caso) y en condiciones de enclave económico.

Mercantilización de la vida privada y pública.

La reaparición de la prostitución en gran escala ha sido uno de los signos distintivos de los año 90. El gobierno se ufanaba de haber logrado su erradicación desde los orígenes de su acceso al poder. Evidentemente el ejercicio de la misma supone la connivencia de policías, gerentes de hoteles y otros centros turísticos: y precisa de la participación del estado y sus funcionarios. Igualmente, se ha desatado un alto nivel de corrupción económica a lo largo y ancho del sistema político-administrativo, casi automático cuando se amplía la economía de mercado mientras el Estado insiste en mantener un alto y detallado nivel de ingerencia económica, puesta en manos y dejada a, la discrecionalidad de sus funcionarios. Típico esto de los regímenes autoritarios que conviven con la corrupción y toleran, y a veces estimulan, la prostitución.

La ponencia de Jorge se cierra con algunas cautelas fundamentales: citando a Linz, recuerda que los sistemas postotalitarios (que han tenido y mantienen una «vocación» totalitaria) como sería el caso de una Cuba autoritaria, «retienen estructuras políticas, sociales y económicas de sus características anteriores» que no desaparecen del todo hasta que el régimen sea reemplazado plenamente. Así, en Cuba *«subsiste un sistema de partido único, con un estado que se arroga el derecho de hacer y desahacer en la economía, y que reprime a la oposición... Con pocas y solapadas excepciones, la máxima dirigencia del gobierno y del partido no tienen vocación de cambio político. El punto central del análisis, nos dirá Jorge, no es el compromiso reformista de la cúpula de poder, sino la pérdida de su capacidad de gobernar como lo había hecho y todavía lo desearía» (seguir haciendo). «El estado carece ya de los instrumentos necesarios para gobernar a su libre albedrío sobre algunas cuestiones importantes. La ciudadanía comienza a comportarse con márgenes superiores de autonomía. El riesgo de protesta, y hasta de violencia política y sobre todo criminal, es mayor: la descomposición paulatina del viejo régimen desemboca en el autoritarismo».*[78]

¿Cambio de régimen o cambios en el régimen?

A la ponencia de Jorge Domínguez en el Escorial, siguió una interesante polémica que encabezó el Profesor Carmelo Mesa Lago, con su comentario a la «Lectio» del profesor Domínguez.[79] El Profesor Mesa Lago (sin dudas, una de las mayores autoridades en economía cubana de dentro y fuera de la Isla), aunque estuvo de acuerdo con buena parte del análisis de Jorge Domínguez, se preguntó si cabía hablar de cambio de régimen o más bién de cambios en el régimen: Carmelo va a puntualizar que el gobierno cubano mantiene que es una *democracia,* y que por lo tanto, no necesita cambiar hacia la *«pluriporquería»,* que, como dice el gobierno, reina en el mundo occidental. Al haber un proceso de re-centralización autoritaria en manos de Fidel, una des-institucionalización, una menor delegación de funciones y un bajo perfil del Partido y la Asamblea Nacional, lo que descubrimos es

---

[78] Jorge Domínguez, Art. cit. de la Rev. Encuentro, pags. 21-22.

[79] Carmelo Mesa Lago, *Cambio de régimen o cambios en el régimen? Aspectos políticos y económi- cos.* Revista «Encuentro de la Cultura Cubana». Madrid, No. 6-7, otoño-invierno, 1998.

una involución, porque estos cambios son contrarios a un proceso de democratización y de participación.

Carmelo plantea que aunque cambiando en algo sus métodos, el gobierno ha mantenido «su eficacia» represora y disuasora. En el fondo, si no hay reconocimiento explícito y respetuoso, además de legal, al derecho de asociación independiente nada se puede hacer. El caso del CEA (Centro de Estudios de América), es un ejemplo claro de actuación represiva eficaz, que supo minimizar las consecuencias negativas que seguramente habria tenido en el mundo académico de fuera de Cuba una sanción más violenta, pero constituyó un «ejemplo aleccionador» para el mundo académico de la Isla, que además, acabó logrando paralizar el debate económico público, que el CEA había comenzado exitósamente en el ámbito cubano, incluso en los «mass media».[80]

Naturaleza de la Reforma Económica en Cuba y sus resultados

Ahondando en su reflexión, el Prof. Mesa Lago, paso a analizar *«la naturaleza de la Reforma Económica en Cuba y sus resultados»*. Parte de una pregunta similar a la anterior: ¿las reformas hacia el mercado, implantadas en el decenio de los 90, han llevado a un cambio del sistema económico en Cuba?. A lo que responde diciendo:

> *«puedo afirmar que los cambios económicos en Cuba son mucho mas importantes que los políticos, y que han movido a la Isla mucho más cerca del mercado de lo que estaba en 1990. Aun así, Cuba está muy lejos de tener un sistema económico de «socialismo de mercado» como en China o en Viet Nam y mucho menos, claro está, que en Rusia y en las antiguas economías socialistas de Europa Oriental».*[81]

---

[80] Estando todavía en Cuba presencié un debate entre Julio Carranza y Pedro Monreal por la televisión cubana, a raíz de la publicación de su libro

[81] Carmelo Mesa Lago, Rev. Encuentro... pag.40.

Los datos por otra parte no son muy alentadores: La creación de la UBPC (Unidades Básicas de Producción Cooperativa) no tienen la propiedad de la tierra, solo contratos indefinidos, —como en China—, pero a diferencia de China, el gobierno es quien decide: qué se cosecha, a cómo se vende y quién es el que compra... de ahí que el crecimiento agrícola haya sido tan pobre (a diferencia de China, en que el intervencionismo estatal ha sido casi nulo). Lo mismo ha sucedido con la inversión azucarera, que entre 1993-96 fue la mitad de la producción en los años 80. Cuba no ha autorizado a los ciudadanos a administrar negocios, ha puesto restricciones al trabajo cuenta-propista y altísimos impuestos, lo que ha provocado una caída en el número de dichos trabajadores oficialmente registrados. Aunque la producción minera, gracias a las inversiones extranjeras ha logrado un alza importante (niquel y petróleo), en el resto de la industria la producción del 95 estaba muy por debajo de la de 1989. El PIB (Producto Interno Bruto) cayó entre 35 % y 48% en 1989-93, el salario real se ha reducido a la mitad, y un tercio de la fuerza de trabajo (según estimados de la CEPAL) sufre desempleo abierto o está desocupada y no trabaja, pero recibe un subsidio de desempleo. Para 1995 se anunció un despido de 500 a 800 mil trabajadores estatales innecesarios.

Y aunque ha habido indicadores positivos a raíz de las reformas recomendadas por los mismos economistas que luego fueron sancionados, tales como: incremento de la producción en varias líneas, reducción de la inflación, del exceso de moneda circulante y del déficit fiscal, recorte de subsidios a empresas estatales ineficientes y aumento de precios (alcohol y tabaco) y de la electricidad. Se logró frenar la caída del PIB en 1994, y un pequeño crecimiento en el 95, y según cifras oficiales un crecimiento del 7,6% en el 96 (cifra discutida por los entendidos);(18) lo cierto es, sin embargo, que la reforma económica está paralizada desde 1995: se paralizó el despido de trabajadores excedentes, la eliminación de los subsidios fiscales a los precios y el proceso de recorte de subsidios a empresas no rentables; se postergó la implantación de los impuestos sobre salarios y los aportes de los trabajadores a la Seguridad Social. En 1996 también creció el excedente monetario en circulación.

Por otra parte, tampoco se autorizó el esperado trabajo por cuenta propia a los universitarios, la nueva ley de inversiones prohibe a las empresas extranjeras contratar y pagar directamente a sus trabajadores (contrato y pago se realizan a través de CUBALSE, la empresa estatal que controla gran parte de los negocios en moneda fuerte de dentro de la Isla). Ni tampoco se ha aprobado la ley de reforma bancaria ni la convertibilidad del peso.

La pregunta que surge ahora es, ¿por qué el gobierno ha detenido las reformas económicas que según él mismo estaban dando buenos resultados?. La respuesta no es otra que: **El Predominio de la Lógica Política sobre la Económica,** evidente, si tomamos en cuenta, que la crisis económica tomó características de catástrofe en 1993 y obligó a Fidel Castro y al grupo más ortodoxo, a tomar medidas drásticas y urgentes, de cara a la reforma económica interna, pues hasta ese momento los cambios se reducían a la inversión extranjera y al turismo, en enclaves controlables. A regañadientes, y con el solo propósito de salvar al sistema político, estas reformas no han seguido un programa bien calculado, bien integrado y con políticas en secuencia lógica, sino que se ha hecho una reforma «a retazos»: con extrema cautela, frecuentes vaivenes, numerosas restricciones y tratando de controlar todo el proceso «desde arriba». Con el minimalismo que lo caracteriza, Fidel detuvo la reforma cuando pensó que ya estaban alcanzados sus objetivos: frenar la caída en picada de la economía, manteniendo el control de la misma, de la que no se quieren delegar funciones, que debilitarían al Estado y su empeño de control «total».

Conclusión.

La conclusión que saca Carmelo, es que, visto lo ocurrido en el campo económico, «*es difícil concebir que el gobierno permita un proceso real de democratización*». El peligro de la pérdida del poder, que para Castro seria el peor de los finales posibles, de acuerdo a las claras manifestaciones de apego al poder que han caracterizado sus casi 40 años de gobierno ininterrumpidos. Pero cabría pensar en otra opción:

«Esta opción presupone una creciente presión interior de la protesta pública y de la oposición política moderada, convergente con una derrota de los ortodoxos por parte de los reformadores dentro del partido y el gobierno. Un peligro inminente de sublevación popular o guerra civil podría precipitar esta vía. Los actores internacionales (Estados Unidos, La Comunidad Europea, la CEI, América Latina) deben respaldar la transición pacífica y ofrecer incentivos a Castro para que actúe en esta dirección. Las reformas democráticas tendrían que negociarse con él y el precio podría ser el cese del embargo estadounidense y la aportación de alguna ayuda económica. La mayoría de la oposición interior de Cuba se inclina por una estrategia de diálogo público, negociación y reconciliación nacional, y algunos grupos del exilio están también adoptando esta posición».[82]

«Informe contra mí mismo»

A Eliseo Alberto de Diego y García-Marruz, lo conocí hace 22 años, en casa de su padre, el poeta Eliseo Diego, por quien siempre he sentido un especial cariño, al igual que por su esposa Bella García-Marruz y el resto de la familia. Por entonces Lichi era un joven serio, casi adusto, que miraba con ojos de inquisidor y cara triste a cuantos llegábamos a su casa. Solo 20 años después me enteré, leyendo su libro, que Lichi era, desde aquellas lejanas fechas, un informante de la «Seguridad del Estado».

Recuerdo con nostalgia, las largas conversaciones con su padre, el café caliente que brindaba Bella, la charla simpática con la abuela Doña Berta Fernández-Cuervo, tan inteligente y sutil, a quien me tocó ungir con los santos óleos y despedir con la Última Misa en su habitación de la casona del Vedado. Y luego en el Cementerio, cuando ya

---

[82] Carmelo Mesa Lago, *Breve Historia Económica...* op.cit. pag. 200.

Dios la llamó a su Reino... Toda la familia era realmente simpática, acogedora, original.

Cuando leo ese libro, veo las personas, rememoro los hechos, recuerdo los lugares: río y lloro sin poderlo evitar. En la vida de Eliseo Alberto está presente la vida de todos los que nacimos en el año de gracia de 1951: doblemente contemporáneos de historia y país. Nuestra tragedia personal y colectiva, llena de nombres y de hechos, reaparece en estas páginas, en las que no faltan la conmovedora ternura, y el nostálgico recuerdo de los que naufragaron en aquel mar embravecido de pasiones y sueños que fue «la Revolución Cubana». El tratamiento que le daré a estas páginas, y no puedo evitarlo, no será como el de los anteriores libros, porque, comentar a Lichi es como comentarme a mí mismo: mi tragedia personal es la de mi pueblo, que él ha logrado expresar en palabras brillantes y precisas, como solo saben hacerlo los poetas. Ojalá que al escribir sobre el libro de Lichi pueda mandarle un lejano mensaje de cariño y comprensión, que nos recuerde a ambos la comprensión y el cariño de aquel que fuera su padre carnal, Don Eliseo, y para mí, un auténtico padre espiritual. A Lichi, pues, lo considero doblemente mi hermano: por ser hijo de Dios y de Bella y Eliseo.

El libro de Lichi comienza diciendo: «El primer informe contra mi familia me lo solicitaron a finales de 1978». Para comentarnos luego cómo el oficial de la Seguridad le hizo ver que en su condición de oficial del ejército cubano (estaba en el Servicio Militar Obligatorio, como universitario con grado de teniente) este requerimiento era una orden:

> «*Y ya se sabe que las órdenes, en cualquier ejército del mundo, no se discuten: se cumplen. 'Estamos en guerra contra el imperialismo yanqui, teniente', me dijo como si leyera en voz alta los titulares del periódico: 'La Agencia Central de Inteligencia posee una exorbitante tienda de disfraces para enmascarar espías. No podemos bajar la guardia'. La guerra es la guerra. Me explicaron que mi casa era un centro de interés estratégico*

y que mi padre podía ser blanco del enemigo, por su bondad y gran prestigio intelectual».[83]

Para convencerlo de que debía colaborar le entregaron un enorme dossier que contenía el archivo de la Seguridad sobre su familia. Ante las objeciones (tímidas) que Lichi opuso, una sonrisa de los superiores y un «abre los ojos, estás en el pueblo y no ves las casas, dijeron con tono tranquilizador; Lee, lee y aprende quién es quién». Había informes redactados en su contra por antiguos condiscípulos, por sus vecinos del barrio y por los amables trovadores y poetas que visitaban la casa de los Diego «para decir o cantar sus versos a mi padre, al calor de la noche habanera, entre copas de ron y coplas de esperanza». Lichi sucumbió. Para colmo, descubrió, entre la pila de informes, uno firmado por uno de aquellos jóvenes cubanos venidos de Miami a raíz del «diálogo con la comunidad del exterior»,[84] que visitaba normalmente el hogar familiar y era amigo de sus padres, y de él y sus hermanos, Rapi y Fefé.

«...la noche que le conté a mi padre lo que acababa de sucederme. 'Me parece monstruoso', le dije, 'y lo peor es que haré el informe contra ustedes, carajo'. Papá encendió su pipa, y luego de varios minutos espesos, me hizo un primer comentario: para él no era un informar 'contra los míos' sino 'sobre los míos'. El piadoso intercambio de proposiciones significó una ayuda moral, sin duda. 'Lo siento, hijo: eres un peón de infantería', me dijo papá y, para cambiar de tema, me leyó unos versos de William Butler Yeats que acababa de traducir esa tarde».[85]

---

[83] Eliseo Alberto Diego, *Informe contra mí mismo*, Ed. Alfaguara, Madrid 1997, pag.12.

[84] Después de muchos años, los cubanos pudieron reencontrase en suelo patrio por el proceso del diálogo de los años 70'. Ver mi trabajo: «*Los cubanos: Isla, diáspora y futuro*», en «Razón y Pasión. Veinticinco años de estudios cubanos», L.A. Cuesta y M.C. Herrera Ed., IEC y Ediciones Universal, Miami 1996.

[85] Eliseo Alberto, op.cit. 17-18.

Veo la escena. Puedo trasladarme 20 años atrás, y un Lichi serio me mira desde sus ojos oscuros, con los mismos ojos que miró a su padre, y veo el gesto de Eliseo al apretar la pipa, y oigo su grave y solemne voz de recitador impedernido de nostalgias y de versos. Puedo revivir, como una película la escena que no ví, pero que siento haber vivido. Pienso en el dolor disimulado de Eliseo. En su rebelión mansa, no contra el hijo, sino contra el sistema ante el que tuvo que acatar y callar. Siento el trallazo de tanto dolor «acumulado y sumo», en estos dos hombres buenos, prisioneros de la maldad más cruel e inhumana. Y algo dentro de mí se rebela. Es ese «sentimiento de la justicia», que Luz y Caballero llamó «sol del mundo moral». Esta sola página del libro de Lichi serviría para descubrir y describir el sistema totalitario, que quiere escudriñar lo que llevamos dentro del corazón, que no respeta ni los más profundos y sagrados lazos humanos, que corrompe desde la raiz toda bondad y la misma sinceridad que debe presidir toda relación humana, pero ¡cuánto más! la de un padre con su hijo. Monstruoso, sí, profunda e innegablemente monstruoso e inhumano.

«Unos contra otros, otros sobre unos, muchos cubanos nos vimos entrampados en la red de la desconfianza». Y es que el sistema se alimenta de sangre humana. Compra la fidelidad suprema, aquella que se le ofrece a la «Revolución», al sistema, al Moloch de hierro de la «Historia», porque como dice Lichi «hay que anteponer los principios a los sentimientos». En este relato de Lichi, resuenan los análisis de Milosz y Havel, vuelve a tomar voz Noica, con su «piedad para los fuertes». Y la pregunta surge espontánea, ¿cómo es posible que en todas partes hicieran lo mismo?. ¿Cómo es posible que los rusos y los rumanos, los checos y los polacos, los cubanos y los chinos fueran víctimas del mismo engranaje demoledor?. Víctimas y verdugos: en eso hemos sido transformados. Somos «las víctimas y los instrumentos del sistema».[86]

---

[86] Vaclav Havel: ver supra pag. 48.

Como decía uno de los personajes —creo que el cura— de la película cubana «alicia en el Pueblo de Maravillas» (una de las mas feroces críticas al régimen que ha podido sobrevivir a la censura) «todos somos culpables, todos estamos embarrados». No se puede sostener un régimen totalitario sin demoler al hombre y su dignidad. Sobre las ruinas de un hombre es cómo, y dónde, se puede levantar el sistema:

«estoy convencido que en muchos casos las autoridades ni siquiera 'daban curso' a los memoranda redactados por ciudadanos comunes y corrientes que no podían contar algo de interés estratégico: los forenses de la información no iban a perder tiempo con la autopsia de un fiambre. En mi opinión lo que realmente importaba era contar con un archivo comprometedor, no una reseña sobre el posible acusado sino un arma contra el seguro confidente. Un texto donde cada uno de nosotros firmaba, a veces sin darnos cuenta del peligro, el compromiso de nuestro propio silencio, pues tarde o temprano esa página escondida en los naufragios de la historia podía salir a flote con su carga de mierda arriba».[87]

El mismo Eliseo Alberto nos dirá que a mediados de los ochenta el estilo de trabajo cambió, o más bien la táctica: los jóvenes pintores, poetas o trovadores, por demás disidentes, eran visitados en sus casas por los «compañeros» que solían llevar «sus casos» para discutir asuntos de interés social. Tales encuentros tenían carácter preventivo: te perdonaban la vida hasta cierto punto. *«De esta forma, sin duda más cortés, cada muchacho potencialmente conflictivo podía saber a tiempo cuánto hilo estiraría el papalote de su frágil disidencia: la tolerancia tenía límites, por supuesto».* El principio seguía siendo el mismo: meter el miedo en el cuerpo, que cada cual supiera bien sus límites y no tuviera ni ocasión de pensarlo, si es que se volvía «loco».

---

[87] Eliseo Alberto, op.cit. pag 19.

«En la indetenible diligencia de la Revolución del pueblo, por el pueblo y para el pueblo solo había sitio para los valientes. O subías al carro sobre la marcha o te quedabas como un paria a la orilla del camino, en territorio burgués».[88]

El paraíso Comunista del mañana.

Quizá ninguna de las historias del libro resulte más gráfica y simpática, también trágica, que la historia de «Paella», un compañero de escuela de Lichi, gordo y espabilado, que fue seleccionado con un grupo de compañeros, por no se sabe qué méritos académicos, a visitar el pueblo de San Andrés de Caiguanabo, en la Provincia de Pinar del Río. «El gobierno habia ideado un plan audaz: adelantarse a sus similares de Europa Oriental en la carrera de la fama y fundar el Primer Pueblo Comunista del Mundo, justo en un caserío perdido en el mapa de la isla: San Andrés». Un conferencista profesional iba de escuela en escuela para anunciar a los estudiantes, que los más destacados habían sido elegidos para contemplar con sus propios ojos este éxito del comunismo nacional: «se había decidido ganar tiempo y realizar por decreto el sueño más caro del proletariado internacional, ese paraíso al este del imperio, sin explotadores ni explotados, llamado comunismo». No resisto la tentación de citar con las propias palabras del autor, el relato del regreso de Paella, después de su experiencia en «el Primer Pueblo Comunista del Planeta»:

«Paella estuvo veinticuatro horas en aquella trinchera de avanzada del marxismo-leninismo, y regresó espantado. Se pasó cuatro días en su cuarto en la casucha de Vieja Linda, sin atreverse a contar lo que había visto. «No me lo vas a creer», me advirtió cuando vino a pedirme el mapa del Caribe. En un primer momento no le creí: así de loco resultó el cuento. Les cuento: los mejores estudiantes de la Habana llegaron a San Andrés, después de un viaje agotador en una caravana de siete

---

[88] Ibídem pag. 20.

omnibus escolares, y se encontraron con un pueblo vigilado por unas veinte garitas de observación y cercado con doce pelos de alambre de púa. El conferencista, que los acompañaba en la visita de la Disneylandia de la clase obrera, se encargó de informarles que la muralla no encarcelaba al pueblo, «sino al mundo», desde los límites de San Andrés hasta los picos del Himalaya. La medida se habia tomado para impedir que los vecinos del comunismo invadieran el futuro con las tentaciones del presente y los vicios del pasado. En el santo cielo de San Andrés había sido abolido el «poderoso caballero don dinero» y toda forma de gobierno convencional, no existía la pólvora del ejército, el opio de la iglesia ni cuarteles de policía. Un pequeño grupo de asesor encaraba la responsabilidad de organizar los pormenores de la burocrática utopía. El único principio de la vida social respondía a la fórmula de Federico Engels y Carlos Marx: de cada quién su trabajo a cada quién su necesidad. Eso significaba ciertos privilegios y algunas ventajas gastronómicas, conquistas seguramente merecidas pero aún no alcanzadas en la etapa de construcción del socialismo que vivía el resto de la Isla; por ejemplo, los pobladores de San Andrés iban a la carnicería local y pedían las pechugas que estimaran conveniente para cocinar un buen arroz a la jardinera; el empleado de turno no debía cuestionar el pedido, pues los hombres y mujeres del porvenir eran, por reglamento interno, incapaces de decir una mentira. El conferenciante quiso dorar la píldora: 'Al final del recorrido, cada uno de ustedes podrá elegir un regalo en la juguetería, para que se lo lleven a casa de recuerdo'.

—*Esto pinta mal. Nunca he visto rostros tan tristes en mi vida. Para mudarse a otra parte, los habitantes del pueblito tenían que pedir permiso, ya que los jefes del experimento consideraban una debilidad querer regresar un escaño en la evolución de la sociedad.* —Te digo que huele fu, asere —me *dijo Paella— y se dedicó a estudiar el mapa del Caribe que yo acababa de facilitarle.*

—No exageres.

—Allá tú. Yo estuve un día en el año 2000, según me dijo el conferencista, y te digo que a mí no me coge el porvenir en ese corral.

—¿Y qué pasó en la juguetería?

—Ni me lo recuerdes. Cuando pedí una muñeca para traerle algo a mi hermana, me dijeron que los varones no teníamos derecho a muñecas. Podía elegir entre un guante de pelota, unos carritos de plástico o una ametralladora. Por poco me dicen maricón. —¿Dónde coño queda Cayo Hueso?».[89]

Paella cumplió su palabra: fabricó una balsa y escapó de Cuba. Pero fue sorprendido en alta mar y regresado a la Isla. Le echaron 12 años de carcel —de los que cumplió seis— por el delito de salida ilegal del país y malversación de bienes del estado (la madera con la que construyó la balsa se la había agenciado de segunda mano en el basurero del hospital). En 1993, después de intentarlo 18 veces, Paella estaba todavía en Cuba: no había podido escapar de su destino ni de una pesadilla recurrente. Mientras navegaba mar afuera su balsa y él eran devorados, a puras dentelladas, por los tiburones...

En el fondo, **el comunismo es un paraíso del que todos quieren escapar**. Un querido amigo, arzobispo en Estados Unidos, se entrevistó con Fidel Castro hace ya unos años. Después de un largo discurso en que Fidel no se cansó de hablar acerca de las bondades del régimen, disertación que el arzobispo escuchó con profunda atención y tímidamente preguntó:

— Señor presidente, hay algo que no entiendo. En mi país, EEUU, hay muchas cosas que no van bien: la droga, la delincuencia, las crisis económicas, los problemas raciales... pero la gente no se quiere ir de mi país. Pueden hacerlo, pero no quieren. En cambio Ud. me ha

---

[89] Ibid. pag. 50-53.

hablado de las bondades de su país y para asombro mío, no le miento si le digo que en todas las ciudades que he visitado, ha sido raro el día en que, no una, sino docenas de personas, me pidieron que hiciera algo por ellas para sacarlas de aquí». Que yo sepa es la primera vez que Fidel se ha puesto tartamudo. Él, que siempre tiene respuesta para todo, no supo qué responder al, en apariencia ingenuo, Arzobispo.

Pero la solución de un pueblo no puede estar en huir:
Porque no hay lugar para once millones de viajeros escapados del horror. Y no es justo. Cuba es nuestra tierra. Cuando trato de explicar lo que pasa en mi país, la gente me pregunta invariablemente: — ¿y cómo pueden aguantar? Hay una respuesta y la hemos encontrado en las páginas anteriores: el terror. Pero añadamos a lo dicho, la insolidaridad. ¿Para qué sacrificarte por los demás si los demás no valen la pena? ¿Si el otro te puede traicionar, te puede estar ya traicionando, por qué te vas a sacrificar por él? Nos han convencido que los demás no valen la pena. Sin esta desvalorización de la gente, no se explica que un pueblo que ha dado tantos héroes en su corta historia, hoy esté como postrado ante la situación y sea tan difícil encontrar quién se sacrifique por sus hermanos en la lucha pacífica que solo un grupo de valientes disidentes, encarnan en todo el país.

De nuevo el miedo.
Eliseo Alberto, citando a un personaje de Quiroga, que muerto de miedo le espeta al capataz de la hacienda en una de sus novelas, —«que no te obedezca no quiere decir que te traicione», va a añadir que también lo contrario se podría afirmar: «que te obedezca no quiere decir que te sea leal». Y concluye finalmente:

«Hoy me escudo tras el pecho de Quiroga para decir que el miedo puede explicar buena parte de lo sucedido en mi país. Durante demasiados años aceptamos con inocencia digna de mejor causa los trucos de no pocos lobos disfrazados de corderos: Tienes razón Fulano, pero no es el momento oportuno;

tienes razón Mengano, pero éste no es el canal establecido; tienes razón Esperancejo... ¿pero no le estaremos haciendo el juego al enemigo? Y Esperancejo, Mengano y este Fulano que les habla pospusimos la defensa de nuestra pequeña verdad, quien quita si equivocada, en espera de tiempos mejores. Hasta que un día supimos que en boca cerrada no entran moscas, y el miedo nos secó la lengua...De tanto callar, tanto silencio casi nos deja mudos».[90]

Al referirse a ese miedo, Lichi habla también de las medias verdades del régimen, que es capaz de justificar la yunta de buey frente al tractor y la bicicleta frente al automóvil, por la sencilla razón de que el tractor y el automóvil no están al alcance de la economía desvastada del país, (a consecuencia de la mala e incompetente dirección que hemos tenido en los demasiados últimos años). Para concluir poniendo como ejemplo el caso de aquel joven profesor de matemáticas, vecino y amigo suyo, que murió, cuando salía del trabajo en su bicicleta, aplastado por un taxi de turismo:

«No, que va, mi amigo no murió en un accidente de tránsito: también lo mató nuestra cabrona manía de aceptar callados las medias verdades y sus medias mentiras. El encontronazo con un turistaxi y una bicicleta en una oscura calle de la Habana es el símbolo de una realidad fatigada que asumimos en silencio, porque el silencio ha sido, al menos para mí, la manifestación más pura del miedo».[91]

La referencia a las «medias verdades» nos recuerda aquel «vivir en la mentira» de que hablaba Havel. Eliseo Alberto ha repasado toda la historia reciente de Cuba: los avatares y los personajes. Por las páginas de su libro pasamos todos: los dirigentes y los dirigidos, los vivos y

---

[90] Ibid. pag. 60.
[91] Ibid. pag. 64.

los muertos, los tontos y los «vivos», las amas de casa y los ministros. Cada etapa ha sido recogida, con su caudal de risas y de llantos, con su afán de vida. Somos esto. *«José Martí nos llamó a una <guerra necesaria>, sin odios, para alcanzar la independencia; pienso que ahora los cubanos debemos convocarnos a una <paz necesaria>, también sin odios, para lograr la concordia nacional».*[92] De esto se trata, de lograr el amor. La verdad y el amor se dan de la mano: «la justicia y la paz se besan», sentencia sabiamente la Biblia. En mis lecturas de niño recuerdo aquel libro que escribió Raoul Follereau: «la única verdad es amarse». Después de tantos sufrimientos salta la pregunta: «¿ha valido la pena?». Y si algo valió la pena... ¿sigue valiéndolo ahora?.

> *«Entre los sucesos Mariel y la caída del Muro de Berlín los cubanos vivimos en constante sobresalto. Al avanzar los ochenta, el país inició un contrajuego en el complejo ajedrez de la economía interna, y por primera vez desde la ofensiva revolucionaria[93] se abrieron espacios para la iniciativa individual. Fue la breve primavera de los tecnócratas,[94] porque la rosa de la esperanza habría de deshojarse con el otoño de una realidad descarnada y el invierno final del sistema socialista».*

Humberto Pérez, el tecnócrata responsable de aquella primavera, pagó con su asiento de ministro-presidente de la JUCEPLAN (Junta Central de Planificación), tan poderosa que por poco cambia la faz triste y cotidiana de la Isla, con su NEP a lo cubano. El chivo expiatorio cargó con el sambenito de la herejía responsable del resurgimiento,

---

[92] Ibid. pag. 41-42.

[93] Ibid. pag. «La ofensiva revolucionaria», en 1968 dio al traste con la libre empresa, el comercio privado y cualquier forma de iniciativa individual. Resultó ser un gran desastre económico para el país, «el Estado se arrogó el compromiso absoluto de la producciones de asumir...»

[94] Encabezados por Humberto Perez, el Ministro-Presidente del JUCEPLAN.

en pleno paraiso comunista, al «Frankenstein indeseable, el espectro del empresario privado».

Pero unos años después, y para concluir la historia de este «Lenin criollo» que trató de salvar al sistema feneciente; desde su nuevo puesto de subadministrador de una sastrería de segunda en la Habana, Humberto pudo, según Lichi sonriendo, ver como *«el país abría sus puertas, sus piernas y sus puertos a la inversión extranjera... y que la policía dejaba de acosar a las rameras adolescentes, de guardia en el malecón, donde pescaban tiburones capitalistas con las carnadas de sus cuerpos pintones».*[95] Así de claro. Todo lo que dijo el comandante que no haríamos es lo que hemos tenido que hacer. Todo lo que se llenó la boca diciendo que habíamos conseguido es lo que finalmente acabamos por perder. Y el pueblo no es el que ha fallado.

El diálogo nacional: la verdadera solución del mañana.

La propuesta ha venido de la Iglesia, de los disidentes internos, activistas de derechos humanos y defensores de un futuro mejor para la Isla: son hombres que «proponen una reinterpretación crítica de la realidad y recomiendan el inicio de un diálogo nacional. El gobierno los tacha de ´grupúsculos insignificantes´ y afirma que apenas logran convencer a un 'puñado' de simpatizantes indeseables».[96] Lichi nos recuerda que entre esos disidentes están Gustavo Arcos, que interpuso su cuerpo al de Fidel, para salvarlo de los tiros[97] en el asalto al Cuartel Moncada y Mario Chanes de Armas, otro combatiente del asalto al Moncada, quien llegaría a ser el preso político con mayor condena en toda la historia de los tiempos modernos: treinta y un años preso, solo por advertir que había presencia comunista en el gobierno, allá por el año 1959:

---

[95] Eliseo Alberto, Ibid. pag. 261.
[96] Ibid. pag. 262.
[97] Perdió la movilidad de una pierna en el Asalto al Cuartel Moncada.

«las autoridades ignoran a estos compatriotas, los desacreditan o los persiguen hasta tenerlos tras las rejas. Prefieren en cambio, dialogar con representantes del exilio, en terrenos y hoteles neutrales. ¿Por qué les interesa conversar con la oposición externa y les niegan el saludo a la oposición interna, si en ambos bandos militan veteranos comandantes rebeldes, disidentes políticos y desilusionados conspiradores clandestinos? La diferencia la marcan una simple vocal y un acento ortográfico: los de afuera tienen dólares, los de adentro dolores».[98]

Abierto a todos los cubanos, de la isla y del exilio.

El diálogo es el nuevo nombre de la esperanza en mi país. Va unido al tema de la verdad y del amor: la única manera que tenemos de exorcizar nuestros demonios nacionales es sentarnos, y como sugirió el poeta, lograr *«hacer un mundo de verdad, con la verdad partida como un pan terrible para todos»*.[99] Ese diálogo tiene que estar abierto a todos los cubanos, de la isla y del exilio. Después de todos los fracasos, el naufragio del futuro sería devastador para nosotros, porque nos arrebataría la única fuerza que les queda finalmente a los pobres: la esperanza.

Redescubrir el valor de la palabra que libera.

Para esto tenemos que librarnos de la culpa que nos aplasta y paraliza. Tenemos que perdonarnos a nosotros mismos y a los demás: «porque todos somos responsables[100] y nadie puede exculparse a sí mismo si no está dispuesto a perdonar a los demás. Para esto necesitamos enfrentarnos cara a cara con la verdad, sin miedos ni complejos. Hay que estar, además, dispuestos a cambiar, a comenzar de nuevo.

---

[98] Eliseo Alberto, Ibid. pag. 263.

[99] Cintio Vitier, *Antología política,* Ed. Letras Cubanas, La Habana 1981, pag. 140.

[100] De mi carta al jefe del Estado Cubano salió publicada en el «Miami Herald» (23 de marzo de 1994) y en el «Wall Street Journal», entre otros periódicos, también en Europa y en la América Latina.

Pero no de cero, sino con la lección aprendida. No podemos renunciar a nuestra condición de seres individuales, de hombres y mujeres responsables. El pensamiento totalitario, que gira en el vacio de su propia lógica y se impone por la fuerza persuasiva de un líder, que nos pide la renuncia a la cabeza y el corazón, ha de ser sustituido por la **voluntad de tomar en serio a los demás**: y no solo a los «sabios y entendidos», sino al hombre de a pie, al hombre sencillo. No hay pueblo libre sin hombres libres.

Lo mismo que se dijo de Lenin o de Stalin, de Hitler o Mussolini, que convencían con su «lógica aplastante» se ha podido decir de Fidel: «es innegable que posee el don de la palabra... y que no la comparte con nadie»,[101] nos dice Lichi. Pero cuando en un país solo uno tiene derecho a la palabra, los demás nos convertimos en cosas o casi-cosas: porque ya los griegos definían al hombre como «un animal que habla» o «que piensa» (el «logicon» griego se podría traducir de ambas maneras). Tenemos que redescubrir el valor de la palabra que libera, porque nos permite decir nuestra pequeña verdad y confrontarla con la verdad de los demás. Para eso es el diálogo. Y como han apuntado Habermas y Apel, el diálogo no es posible sin la igualdad entre los hablantes, sin la sinceridad de los que en él participan, sin la verdad, que siempre será el fruto de una búsqueda cooperativa en libertad.[102]

Como ha dicho Martí: *«El espíritu despótico del hombre se apega con amor mortal a la fruición de ver de arriba y mandar como dueño, y una vez que ha gustado de este gozo, le parece que le sacan de cuajo las raíces de la vida cuando lo privan de él».*[103] Para los dictadores vivir es mandar. Si son totalitarios, algo se rompe dentro de ellos, pues no puede quedar sano el hombre que acumule sobre sí tanto poder, que siempre es a costa de los demás y contra ellos.

---

[101] Eliseo Alberto, Ibid. pag. 41.

[102] Me remito a mi tesis para la Licenciatura en Filosofía: Jose C. Rodriguez, *Utopías*, Ed. Alexandria, Miami 1997. En especial el Capítulo IV.

[103] Jose Martí, *Obras Completas*, Ed. LEX, La Habana 1953, T. I, pag. 1150.

Por mucho paraíso que nos prometan, solo el infierno espera a los que renuncien a ser ellos mismos y se dejen «vivir sus vidas»: porque cada hombre es insustituible y porque hay que bajar de lo abstracto a lo concreto; de los vacíos principio generales al bien común, que nadie decide sino que todos encuentran y por el que todos pueden luchar, sin renunciar al «sí mismo». Martí nos había dicho que quería una república «con todos y para el bien de todos». Es una buena meta, aunque hayan pasado ya más de cien años de su muerte y de nuestra soledad.

*«algún día tendrá que suceder y ojalá que sea sin odios ni rencores: los cubanos nos sentaremos a repasar esta segunda mitad del siglo XX, a revivir las noches sin nosotros del exilio, las noches sin Ustedes de la Isla, a encarar los hechos y a sus hombres con la martiana serenidad de la justicia. Será la hora de la paz necesaria, **y a fuerza de querernos como nunca antes en quinientos años, seremos capaces de comprendernos porque esa ha de ser, una vez más, la única forma de perdonarnos**».*

CAPÍTULO VI[104]

Vistos estos cuatro autores que nos han ocupado hasta aquí y descubriendo a través de ellos la progresiva transformación histórico-política del sistema comunista, desde el totalitarismo staliniano al postotalitarismo krushoviano, pasando luego por el largo ocaso del inmovilismo de Brezhnev, hasta parar en el «fin de una época», bajo Gorbachov, conviene ahora hacer un esfuerzo de discernimiento mayor para tratar de comprender desde una perspectiva más amplia, y quizá más profunda, el fenómeno al que nos hemos tratado de acercar.

El largo proceso del auge y caída mundial del comunismo lo hemos visto, como en un complejo sistema de espejos, reflejado en cuatro escritores «de la periferia del imperio»: Polonia, Rumanía, Checoeslovaquia y Cuba, que, al tiempo que representan cuatro experiencias nacionales diferentes, en cuatro momentos muy diversos entre sí, nos han ido mostrando la sucesiva toma de conciencia que la evolución del proceso va provocando en aquellos que participan en él, más como agentes pasivos que como actores del mismo. La excepción a este carácter de «pasividad» la encontramos en Vaclav Havel, que articula toda una fenomenología de la disidencia y participa como uno de los gestores del cambio, primero de la mente y después de la praxis política concreta, dentro del sistema. He puesto «pasividad» entre comillas porque pienso que la «acción reflexiva» y crítica de los otros tres autores, forma parte de ese proceso de toma de conciencia y de

---

[104] Debemos aclarar que en el texto original, presentado en la Universidad de Salamanca, estaban todas las notas al pie, pero el autor no ha podido conseguir copia del original y en las idas y venidas de su vida, se perdieron las páginas de esas notas que originalmente estaban al final del texto original. La vida de un sacerdote en Cuba tiene muchas limitaciones y entre ellas las de comunicación y más todavía de tiempo. En esta edición hemos mantenido los números de las notas originales confiando en que en alguna reedición puedan incluirse. (Nota del Editor).

cambio que se ha dado en estos países y dentro de lo que fue el antiguo «bloque comunista».

Lo que intento ahora, es mirar desde la antropología social y la sicología profunda, el fenómeno que hemos visto a través de la experiencia y reflexión de estos cuatro autores. Lo que intentamos ahora es lanzar una mirada más amplia, que conecte la «novedad» del fenómeno totalitario con otras perspectivas sico-sociales y nos permita mirar, más comprensiva y profundamente dentro de esa realidad. Para esto nos ayudaremos del instrumental teórico que nos brindan otros cuatro autores, procedentes estos de la antropología social (Mary Douglas), el sicoanálisis (Erich Fromm y Erik Erickson) y la sicología experimental (Martin Seligman).

MARY DOUGLAS: UNA ANTROPÓLOGA SUGESTIVA

Cuando uno se acerca a la obra de Mary Douglas tiene la impresión de quien ha encontrado un tesoro: se pasa del estupor a la sorpresa y de ésta a la alegría. Hay ahí tela donde cortar. Hay una impresión de verdadera «inteligencia» en su sentido más etimológico (intus legere): en verdad, se lee «adentro» y se descubren relaciones insospechadas por donde uno menos lo esperaba. Por eso ahora, siguiendo a la misma Mary Douglas en su prólogo a la última edición española de «Pureza y Peligro: un análisis de los conceptos de contaminación y tabú», su primer libro publicado en nuestro idioma, vamos a situarnos frente a la obra de esta antropóloga inglesa.

Mary Douglas pone como quicio de su investigación antropológica, la negación de la idea de que los llamados «pueblos primitivos» poseían una lógica o método de pensamiento diferente a la mentalidad del hombre actual.(1) La mentalidad moderna seguiría «una línea de razonamiento que se remonta desde los efectos a sus causas materiales, mientras que la mentalidad primitiva busca la razón de ser del infortunio en el mundo de los seres espirituales».(2) Sin caer en la cuenta que tanto el pensamiento primitivo como el moderno, se remiten a una fuente común, que es una sociedad, la respectiva, de la que cada cual dependen. Para refutar tal pretensión de «los modernos», dirá Mary Douglas, «tendremos que demostrar que también en nuestra sociedad se manipulan los peligros de la naturaleza con fines políticos».

La lógica del tabú.

En Pureza y Peligro ya se reivindica la racionalidad del comportamiento primitivo al presentar los tabúes no como creencias incomprensibles, «sino como un medio de proteger la sociedad contra las conductas que la amenazan» y «como unos mecanismos determinados de atribución de la culpa». En otras palabras, la lógica del tabú es recurrir a los peligros naturales para reforzar los valores de la comunidad. Al ligar los peligros naturales a la política, los primitivos, al parecer, hacen lo contrario que nosotros, que separamos los peligros de la política y la ideología, para ocuparnos de ellos desde una perspectiva científica y técnica. Pero con el paso del tiempo, nos dirá Mary Douglas, ella misma descubrió que el término inglés «Pollution», al referirse a la contaminación ambiental y a la profanación religiosa, estaba orientado en la primera dirección. El tabú está relacionado con el riesgo, y la palabra contaminación es adecuada para ambos conceptos. En el fondo de la cuestión subyace una idea fundamental:

> «en todos los lugares y épocas el universo se ha interpretado en términos morales y políticos. Los desastres que mancillan la tierra y el aire y envenenan el agua suelen recibir una explicación política: la responsabilidad de que hayan ocurrido se imputará alguien que haya caído previamente en desgracia. Esta teoría de la utilización forense del peligro deriva de la antropología de los años 40 que estudié en Oxford».(3)

Esto tiene que ver con la explicación que damos a la ocurrencia de desgracias: el sistema de administrar justicia y el de atribución de la culpa se influyen mutuamente, pues ambos son síntomas de la organi-

zación de una sociedad. Así, el riesgo y el peligro, se convierten en un importante factor de persuasión: por su medio se convence a los miembros de la comunidad de que deben cumplir sus deberes:
Un peligro compartido es el mejor pretexto para la manipulación, y la amenaza de que toda la comunidad se contamine es un arma que sus miembros esgrimen para controlarse recíprocamente».(4)

El proceso de atribución de la culpa no es una decisión consciente de los miembros actuales de la comunidad, sino que los peligros que afectan a la vida y a la integridad, se incorporan al diálogo fundacional de la misma, y se estructuran de acuerdo con el tipo de organización que va perfilándose en la vida de esa sociedad. De esto se hizo consciente Mary Douglas, referido a la moderna sociedad industrial de Occidente, con el boom del ecologismo, que puso de manifiesto, con carácter de moda y actualidad, un fenómeno que ya los sociólogos habían estado estudiando, sin darle respuesta adecuada: el tema de la atribución de la culpa en la sociedad moderna. La razón por la que no descubrieron la existencia de estos mecanismos atributivos, fue porque analizaban el problema desde una perspectiva individualista y sin tener suficientemente en cuenta el carácter social de estos mecanismos. Al aislar al individuo lo separaban de su contexto cultural real. De haber hecho esas investigaciones del modo adecuado, se hubiera podido comprobar que en el hombre de hoy existe una marcada tendencia a realizar una lectura política del peligro... ¡al igual que en los pueblos primitivos! En otras palabras, que la atribución de responsabilidad es un mecanismo que hoy también se utiliza para obtener el consenso social. Mary Douglas incluso irá más lejos aún, cuando afirma que: «no solo la atribución de responsabilidad, sino todos los procesos cognitivos, están politizados». (5)

Mary Douglas explaya cómo la sociedad occidental moderna al explicar la diferencia entre «los primitivos y los modernos», respecto de la contaminación, «argumenta que el desarrollo del conocimiento occidental había roto un vínculo que en las demás sociedades unía la ética al peligro». La ética se corresponde entre nosotros con la perduración moral mientras el peligro es estudiado por la tecnología. En el fondo de esta idea, estaba el hegeliano legado de la idea de desarrollo, que postulaba, en el desarrollo tecnológico, una pareja evolución en el conocimiento de uno mismo y del mundo. Esta visión materialista de la historia todavía dominaba el panorama intelectual de los años 60. Esto hizo crac al ponerse de manifiesto que la tecnología misma era una fuente de peligro.

El vinculo que unía el peligro a la moral, no procedía de la falta de conocimientos, sino de la naturaleza ambigua de un mundo en el que el hombre sigue estando sujeto a apetitos de dominio y creando instituciones (la misma sociedad) que lejos de liberarlo, lo esclavizan: y esto vale tanto para las comunidades primitivas como para la actual sociedad post-industrial.

Analizando el por qué de esta situación Mary Douglas, no sin ironía, y ciertamente con un fino humor inglés, nos dirá:

> «analizar el tema de la pureza y el peligro en nuestros tiempos es un intento muy controvertido, lo que quizá tenga que ver con la preocupación por la pureza de la profesión de los que investigan esos temas y con el peligro de abandonar el paradigma dominante que postula un comportamiento basado en la libre capacidad de decisión individual y racional».(6)

A los especialistas del riesgo, les asusta la controvertida utilización del peligro por parte de los intereses y la ideología: este acercamiento al tema les parece perverso e indecoroso y, por supuesto, no a la altura del «método científico». Temen ser tildados de «parciales» si hacen referencia a la política o la moralidad. Acercarse al tema sin tomar en cuenta las diferencias culturales relativas a la distribución de la culpa y sin referencia a la realidad sociocultural y política hace imposible tocar fondo en el tema. Como la misma Douglas ha mostrado en su libro «Como piensan las instituciones», hay un divorcio muy grande entre las ideas que al respecto sustentan la «opinión pública» y los especialistas.(7)

El acercarse al problema desde perspectivas individuales, con un individuo aséptico, que debe dejar a la entrada del laboratorio sus criterios políticos y sus pulsiones emocionales, lleva la investigación a un verdadero «callejón sin salida». Como hace ver la Douglas, ante los peligros, pequeños o grandes, en particular los grandes: «la rabia, la esperanza y el miedo forman parte de la mayoría de las situaciones de riesgo. Nadie toma una decisión en la que arriesgue algo sin antes haber consultado a sus vecinos, a sus familiares o a sus amigos del trabajo. Estos constituyen el grupo de apoyo que proporcionará ayuda si las cosas se tuercen».(8) Olvidar esta dimensión colectiva, dialógica y consensual de afrontar el riesgo y el peligro, es no tener ni idea de la realidad. Cuando se habla de «el factor humano» se habla precisamente de esto. Pero si se piensa de él como «el punto en que la fiabilidad de la máquina queda a merced de la cambiante vida emocional del operador», entonces ya no hay mucho que hacer...

En aras de la «objetividad» se acaba «tirando al niño con el agua de la bañera». Porque sin esta referencia a la cultura, sin esta consideración acerca de los prejuicios del investigador y su medio, y a la dimensión social de toda experiencia humana, que a un tiempo es subjetiva y dialógica, no hay modo de acceder al «factor humano».

Pureza y peligro: un análisis de los conceptos de contaminación y tabú.

Por eso, la constatación de los vínculos que desde siempre han tenido «la pureza y el peligro», la contaminación y la higiene, el más acá y el más allá, se convierte en tema de estudio para Mary Douglas. Ya a partir de este fundamental trabajo ella descubre una primera lectura positiva del tema: «La suciedad ofende al orden. Su eliminación no es un movimiento negativo, sino un movimiento positivo por organizar el entorno... A nosotros, al igual que a los primitivos, «al expulsar la suciedad, al empapelar, decorar, asear, no nos domina la angustia de escapar a la enfermedad, sino que estamos reordenando positivamente nuestro entorno, haciéndolo conformarse a una idea».(9)

Las cosas no son sucias en sí. Los zapatos no son sucios en el suelo, sino sobre la mesa del comedor. Los restos de comida no son sucios en el plato antes de fregarlo, sino sobre la corbata... «Nuestra conducta ante la contaminación es la reacción que condena a cualquier objeto o idea que es probable que confunda o contradiga clasificaciones queridas». Lo que hace sucia o impura una cosa es su ubicación: el estar fuera de lugar. Este concepto es válido para la suciedad y para el delito. El declarar lo que está fuera de lugar y condenarlo es una función social. Por otra parte, el «orden» está en función de la conservación de la sociedad.

Así, los ritos de pureza e impureza, «crean la unidad en la experiencia»... «los elementos dispares se relacionan y la experiencia dispar recibe sentido». No es esta la única función del rito: el orden ideal de la sociedad es custodiado por peligros que amenazan a los transgresores. La función de estos peligros (y este es el fundamento del tabú) es servir de exhortación recíproca a los miembros de una comunidad. Este código moral que custodia el orden social, recibe a su vez una sanción particular de las leyes de la naturaleza. Enfermedades y desastres meteorológicos quedan así vinculados al respeto de la prohibición del incesto o el adulterio, y a la observancia de la piedad religiosa o de la fidelidad política: «El universo entero se encuentra sometido a los intentos que hacen los hombres para obligarse los unos a los otros a un buen comportamiento cívico». El aspecto simbólico, ínsito en los ritos y los mitos que encierran estas concepciones, nos remite a un otro horizonte de comprensibilidad religioso y filosófico que nos dice algo de nosotros mismos y nos hace pensar.

Mary Douglas ha querido entrever, en este entramado de relaciones que enmarcan y diferencian unas colectividades de otras, y dentro de una misma sociedad los distintos grupos que la componen, una relación en que mutuamente se iluminan y condicionan, las sociedades y sus cosmologías. Sociedades y cosmologías que ella trata de describir a partir de esas relaciones. La relación entre la grilla o encasillado (interno) y el grupo o agrupación (externo), nos permitirá, (como después veremos) descubrir combinaciones y funciones de la vida colectiva. Su mirada, sin embargo, no olvida la dimensión personal, que supone los autoconceptos y valores, incluso morales, con qué y cómo, esa realidad es vivida por los seres humanos de carne y hueso: ese «factor humano» sin el cual no podemos comprender ni explicar la realidad social.

Pero esto ya nos coloca de lleno en el segundo libro que vamos a utilizar.

«Símbolos naturales»: por una taxonomía de la relación entre cultura, rito y sociedad.

"*Símbolos naturales*», publicado en 1970, parte de una propuesta fundamental: la existencia de símbolos que por su arraigo en la especie, su referencia fisiológica y su inserción social le dan categoría de sistema simbólico común a los diferentes sistemas sociales. De ahí su apelativo de «naturales». Tras una profunda reflexión sobre el ritual, que ella caracteriza como un medio viable de comunicación, una forma de lenguaje que trasmite información social y como tal colma los sentimientos colectivos de la sociedad, Douglas pasa a analizar el lenguaje.

Código restringido.

Su punto de mira es el del sociolingüista británico Basil Bernstein. Este distingue dos códigos lingüísticos: el código restringido, (o restricto) que surge en situaciones sociales de pequeña escala y local; en él todos los hablantes tienen acceso a los mismos supuestos fundamentales y el lenguaje cumple el objetivo de afirmar el orden social, manteniendo la solidaridad y comparable al funcionamiento que la religión tenía en la sociedad primitiva según Durkheim.

Código elaborado.

El código elaborado, se emplea en aquellas situaciones en que los hablantes no aceptan o desconocen los supuestos fundamentales de los otros. El lenguaje tiene como función hacer explícitas las percepciones individuales singulares y tender un puente entre los supuestos distintos. (10) Para concluir diciendo: «ambas categorías se dan en sistemas sociales que corresponden respectivamente a los que Durkheim describe como sistema gobernados por solidaridad mecánica y sistemas gobernados por solidaridad orgánica».

El código elaborado es un producto de la división del trabajo y se orienta a organizar el proceso del pensamiento, a distinguir y combinar las ideas. Estas formas concretas de comunicación dan lugar a diversos sistemas de roles familiares: el restricto se vincula a formas claras de control de la autoridad, que sirve de guía para la acción y cultiva la solidaridad grupal y roles concretos. En casos extremos puede convertirse en punitiva. Bernstein lo llama sistema posicional. El sistema personal (o familiar) no exalta las funciones de roles fijos, sino la autonomía y valor personal del individuo, enseña a analizar las situaciones y a tener conciencia de las relaciones causales y de las consecuencias de los actos propios. A través del análisis de las propias emociones se toma en consideración las emociones de los demás.

El código restricto lleva implícita la cultura y la reafirma, al afirmar los procesos integradores de la misma, y al mismo tiempo sirve a los fines de apoyar al grupo, no porque se lo proponga conscientemente el usuario, sino porque va ínsito en el mecanismo de afirmación de los supuestos compartidos por el grupo. Por eso dirá Douglas que el lenguaje actúa como un ritual que reafirma y reproduce las relaciones sociales básicas y los valores sustentados en común. De tal manera que podríamos afirmar que a mayor nivel de solidaridad, o espíritu de cuerpo grupales, más restringido será el código lingüístico. Este será más elaborado cuanto menor sea el nivel de solidaridad o espíritu de los cuerpo grupales.

Saber cómo los individuos son controlados por la sociedad.

Este esquema es el que le sirve de inspiración a Mary Douglas para su propuesta de modelo para la interpretación de la realidad social: el análisis de «agrupación y encasillado». El objetivo que persigue Mary Douglas con este artificio o artefacto racional es descubrir cómo los contextos sociales afectan, y cómo se relacionan, con los tipos de códigos que las personas articulan. Lo que le interesa es descubrir el modo en que los individuos son controlados por la sociedad.

agrupación designa el límite externo que las personas han erigido entre ellas mismas y el mundo exterior. **Encasillado** se refiere a las otras distinciones y delegaciones de autoridad sociales que utilizan para limitar el modo como se comportan unas con respecto a las otras».(11)

En «*Símbolos naturales*» (1970) ya Mary Douglas había utilizado este esquema funcional para descubrir la relación entre los sistema de clasificación cuya misión es articular categorías que constituyen una visión del mundo, y que constituye una dimensión social en la que debe hallarse el individuo. A esta es a la variable que llama cuadrícula (o grid).

Todo sistema de clasificación es producto de las relaciones sociales, dirá Douglas citando a Durkheim. Las clasificaciones son producto de la interacción social de los individuos, como vimos ya en el caso de la educación de los niños, sean cuales sean los códigos utilizados en la formación (restrico o elaborado). Ahora bien, la educación posicional, que utiliza el código restricto, está encaminada, como ya vimos, y se orienta más, a la conservación de las relaciones sociales: se corresponde con un tipo de organización social con mayor peso grupal. El sistema de clasificación partiría de cero: hacia arriba, se orienta en el sentido del sistema de clasificaciones compartidas. Hacia abajo hacia el sistema privado de clasificaciones. En el cero muestra el estado del niño, que no ha accedido a clasificación alguna (a la que llama, «primera conciencia indiferenciadora»); o la duda suicida de la anomía total o la disociación del místico, que rechaza todas las clasificaciones. El sistema de clasificación enteramente personal y sin referencia comunicativa con los sistemas grupales compartidos, llevaría al solipsismo del loco. La línea horizontal separa, hacia abajo y hacia arriba, respectivamente, la «zona de innovación» de la «zona de conformidad».

Por otra parte, encontramos la presión del grupo, que será cada vez más fuerte a la medida que se avanza hacia la derecha. El punto cero nos muestra al individuo libre de presiones y exigencias. Es el hombre hipotéticamente solo. Este otro «punto cero» representa, según Mary Douglas, el momento de la indecisión que precede a la conversión, es decir, de la libertad que está decidiendo comprometerse. A la tendencia al máximo control de la persona, Mary Douglas la llamará la línea del grupo. El recién nacido se encontraría situado en la extrema derecha, a merced de los mayores. Conforme avanza hacia la izquierda, va ganando en libertad personal, al tiempo que va progresando en el conocimiento de las categorías vigentes, para utilizarlas, si es inteligente, en su defensa frente a cualquier tipo de tiranía, o incluso, para escapar a toda presión y ejercer, entonces, él presión sobre sus semejantes.

El sistema, aislado perfectamente, integrado por la cuadrícula y el grupo, sería estable. Pero cualquier sistema de relaciones grupo-cuadrícula está abierto a influencias, y de ahí, y de las incoherencias y las dialécticas internas, brotarán las incitaciones al cambio. No podemos olvidar que este «sistema» está compuesto por grupos, y estos a su vez por individuos. Y en la cabeza de los individuos, no hay una sola idea... y no hay solo ideas, sino sentimientos... y resentimientos, pulsiones y compulsiones...

Cuadrícula y Grupo: (12)

Cuadrícula

Sistema de clasificaciones compartidas

Ego ejerce   El ego está
presión para _____
       progresivamente
   controlar a otros   controlado
                                                            por los
                                                            otros.

individuos   .

Sistema privado de clasificaciones

CUADRÍCULA

Sistema de clasificaciones compartidas

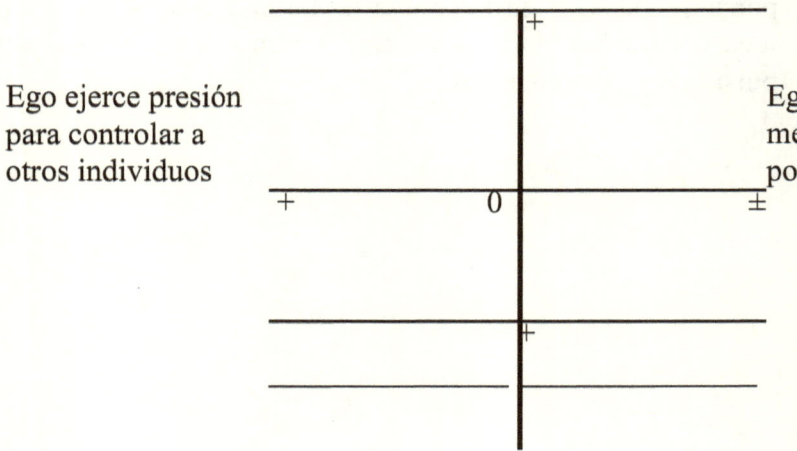

Ego ejerce presión   Ego pro
para controlar a   mente c
otros individuos   por los

Sistema privado de clasificaciones

Una aplicación del esquema de Mary Douglas al caso concreto de los totalitarismos nos puede ofrecer una impresionante fuente de relaciones interesantes y de ideas fecundas. Es, sin dudas, una herramienta útil para pensar y para sacar conclusiones. El propósito explícito, de ella, es aplicarlo a la pequeña escala de los grupos típicos de las sociedades primitivas, que constituyen su campo habitual y específico de trabajo. Pero resulta muy interesante, aplicarlos al contexto de las «sociedades mayores», cosa que ya ha intentado, y hecho, A. Bergensen.

Un ejemplo de esta aplicación es la caracterización que hace nuestra autora del origen de las cosmologías de la hechicería. Son sus palabras:

> «Encontramos grupos reducidos que ejercen fuertes presiones sobre el individuo pero con clasificación baja. Florece aquí una teoría del mal que por lo general consiste en el miedo a la brujería... En resumen, que allá donde exista una unidad social a pequeña escala, con límites externos claramente definidos y relaciones internas confusas, encontraremos con toda probabilidad un tipo de cosmogonía basada en la brujería activa».(13)

Al parecer, el tipo de sociedad que manifieste tener este tipo de «cosmología de la hechicería», estaría encuadrada en el esquema de **«grupo fuerte-cuadrícula débil»**, que supone un cuerpo político con «límites externos claros y definidos y un estado interior de gran confusión». El brujo deviene en símbolo de esta sociedad: su cuerpo es en apariencia normal, pero disfruta de poderes ocultos y maléficos, que le permiten practicar el mal a escala cósmica y sobre todo ser engañador. Su fidelidad no está remitida al grupo, sino a un poder ajeno a éste. El brujo no está anclado en la estructura social: está solo físicamente presente, pero «su yo íntimo ha escapado a los límites que le impone la sociedad... El brujo es un ser corrompido que destruye a sus víctimas atacando su intimidad pura e inocente» absorbiendo su espíritu, envenenándolas o enviandoles dardos...

Como vemos, en el simbolismo de la brujería dominan los símbolos que contraponen lo externo con lo interno, lo interior con lo exterior. El poder del brujo, desde dentro o fuera de la sociedad, (succión del espíritu o envenenamiento en el primer caso y lanzamiento de dardos para el segundo), nos muestran aquello que la sociedad más teme de «los poderes enemigos». «En una comunidad, nos dirá Mary Douglas, en la cual el conflicto manifiesto no puede tener cabida, el temor a la brujería se utiliza para justificar la expulsión y la fisión... uno de sus métodos de control consiste en la expulsión de sus disidentes; otro más drástico es la escisión del grupo».(14)

Ahora bien, cuando analizamos el resumen que la misma Mary Douglas hace de las características esenciales de la cosmología de la brujería, nos topamos con una clasificación que nos parece reflejar las características esenciales del sistema totalitario, en su discurso legitimador y en sus mecanismos de actuación.

«La cosmología que corresponde a la creencia de la brujería presenta pues cuatro características principales: la idea del mal exterior y el bien interior, la idea de que este último está sometido a ataque y por lo tanto necesita protección, la noción de que existe una maldad humana a escala cósmica, y la utilización de estas tres nociones con fines políticos».(15)

Cuando sustituimos los personajes y los nombres, en lugar de las tribus centroafricanas y los indios de América Central, o los anuak del Nilo, y colocamos a la Rusia de Stalin, la China de Mao, o la Alemania de Hitler, (o como apunta Bergesen, no sin razón, la «cacería de brujas» del «Mccarthysmo»), la descripción no podría ser más certera. Me referiré al caso que obviamente conozco mejor: el de Cuba.

Pureza, logros, erradicaciones.

Cualquiera de los discursos de los líderes cubanos podría servir para ilustrar la concepción del aserto «mal exterior-bien interior». Lo mismo se diga de los noticieros de la Televisión o de las páginas del periódico. Cuba es el mejor de los mundos posibles —y antes compartía esa «calidad superior» con los otros países del bloque socialista—. Por otra parte, el mal, que está fuera, y en especial representado por las fuerzas del «imperialismo americano», amenaza a ese bien interno, que encontramos expresado en términos de «pureza» (ideológica, «de principios», de los ideales inspiradores), de «logros» (el bien realizado: en la salud pública, la educación, el deporte) y de «erradicaciones» (el juego, la prostitución, la explotación del hombre por el hombre).

Por supuesto que el bien absoluto, representado por las tres palabras claves de «la Patria, la Revolución y el Socialismo», que según los slogans oficiales *deben ser salvados*, postulan y necesitan un enemigo absoluto, inmenso, inconmensurable. El tamaño del enemigo define la categoría del atacado. Por eso, el mundo unipolar, en el que sobresale un único vencedor, que son los Estados Unidos (el imperialismo yanqui), es el contrincante adecuado. La soledad de Cuba, único sobreviviente del socialismo «puro y duro», hace más heroica y apocalíptica la lucha y ofrece un marco grandioso, en el ámbito cósmico. Porque en Cuba está encarnado el futuro del mundo y lo mejor de la historia, la resistencia a todo lo corrompido y malo. Por otra parte, el enemigo, su poderío económico y militar, su influencia a nivel mundial, sus armas atómicas y nucleares, representan en esta cosmología laica las «fuerzas cósmicas» que se deben enfrentar.

Utilización política.

El otro elemento, la utilización política de todos estos factores, resulta tan evidente que no habría ni que mencionarlo. Pero las purgas, los procesos de rectificación y las ofensivas revolucionarias que pueblan el proceso y enmarcan el devenir de estos cuarenta años de revolución en Cuba, al tiempo que «movilizan a las masas» y les «levantan el espíritu revolucionario», encubren la realidad y escamotean la verdad de las cosas. El juicio del general Ochoa a principio de los 90 en Cuba, fue un ejemplo de esta utilización política de la cosmología de la brujería: el mal de fuera se puede «infiltrar», en personas o ideas, que en cuanto vienen de fuera, son malas. Y que, según reza el adagio latino, «corruptio optimi, pessima», da a estas personas una categoría de perversidad imperdonable: así, un general y héroe de la «República de Cuba» debía pagar con su vida el abismo de su maldad (en el caso del General Ochoa).

Como decía Mary Douglas, refiriéndose a «universos grupales» mucho menores, la única salida... es la «salida», la expulsión del disidente o la «escisión del grupo». Cuba, de hecho, es una sociedad dividida, con dos millones de habitantes fuera del país y once dentro, que sobreviven y se debaten entre la espera y la esperanza...

Mary Douglas apunta además a una solución más radical cuando dice: «El único modo en que puede darse una transformación en el seno de la cosmología dominada por la brujería, es por medio de un cambio a nivel de organización social». Y sin dudas es muy certera cuando apunta:

> «Vivir en el seno de un grupo social como el anteriormente descrito significa vivir apiñado con otros seres humanos en constante rivalidad desordenada. Los miembros de un grupo semejante tienen razones suficientes para dudar que prevalezca la justicia. El refrán según el cual Dios aprieta pero no ahoga, no tiene ningún sentido para ellos. En la vida de los pastores de tribus tales como la de los nuer o de los dinka, los grandes imponderables son las amenazas que representan el clima y los pastos; los seres humanos no representan mayor peligro. Pero en este tipo de sociedad son los seres humanos los que dan origen a temores y frustraciones».(16)

Con todo, queda en pie la pregunta sobre la justificación teórica que habría que darle al hecho de que esta tipología de la «cosmología dominada por la brujería», según el esquema de la Douglas suponga «un grupo fuerte y una cuadrícula débil» con límites externos definidos y relaciones internas confusas. ¿Cómo aplicar este último aserto a una sociedad rígidamente encuadrada por un burocratismo como el de las «democracias del socialismo real? Hay dos maneras de ver el asunto, a mi entender. En primer lugar, está la anfibología misma del concepto que utiliza Mary Douglas en dos de sus libros. En «Símbolos naturales» (1970) el enfoque que sigue es el que hemos desarrollado aquí, en relación con «los sistemas de relaciones compartidos» que, obviamente, guardan relación con las cosmologías que justifican y fundamentan la vida social a partir de las relaciones de grupo.

En la cita que hicimos anteriormente de su libro «In the Active Voice» (1982), el enfoque era diverso: al hablar del encasillado se refería «a las otras distinciones y delegaciones de autoridad sociales que utilizan para limitar el modo en que se comportan unas con respecto a las otras» (se remite, evidentemente, a las personas). En este caso, frente al «grupo», que hace referencia a la sociedad como ente global, está «el encasillado», como entramado de relaciones de amistad, parentesco u otros, contradistinguido del «grupo» como elemento englobante superior (tribu, sociedad, estado...). Los dos enfoques se podrían superponer, sin excluirse. En realidad, Mary Douglas nos dirá que la agrupación y el encasillado representan dos modos diferentes que tiene la sociedad de «aferrar» a sus miembros. Con todo, quiero recordar la terrible anécdota que nos cuenta Lichi Diego en «Informe contra mí mismo»: cuando la «Seguridad» le pidió, y él aceptó, vigilar a su padre para informar a las autoridades sobre él... El grupo interfiere con, y domina a, la cuadrícula.

Berensen, en su estudio sobre la obra de Mary Douglas, («La Antropología Cultural de Mary Douglas») nos dirá respecto de este problema:

> «De modo que el problema central que presenta la explicación dada por Mary Douglas acerca de las cosmologías de la hechicería consiste en que los estados que parecen presentar la mayor actividad hechicera son los que tienen burocracias estatales fuertes y bien definidas, que a su turno organizan y estructuran gran parte de la vida cotidiana —lo que difícilmente constituya una situación de relaciones internas confusas; de hecho, se trata casi de lo contrario—.»(17)

La respuesta que da Bergensen, es que, dadas las dos variables que presenta MD: las relaciones sociales confusas o ambiguas como generadoras de rituales y la agrupación fuertemente ligada como precondición de la hechicería; y dado que ésta última se encuentra tanto en las sociedades primitivas como en las modernas a diferencia de la primera —las relaciones internas confusas, la pequeña escala y el bajo nivel de organización— privativos de las sociedades más primitivas, podíamos concluir que «parecería que la agrupación fuerte es la variable clave para la explicación de la hechicería».

Hay además, como apunta también Bergensen, otro punto que matiza el esquema douglasiano cuando lo aplicamos a los regímenes totalitarios y autoritarios: y es el hecho de que al establecer el grupo fuerte, hasta la casi desaparición de la individualidad del hombre, socava igualmente los lazos y fidelidades intragrupales. Lo que hace concluir a Bergensen de la imposibilidad probable de un encasillado fuerte con una agrupación fuerte. (Mary Douglas, se refiere en concreto a la Edad Media, y a ciertas sociedades muy tradicionales, donde sí se da este doble carácter fuerte, según el parecer de nuestra autora).

Con todo, y siendo conscientes de que la traslación del esquema douglasiano a un universo más complejo y mayor, es una licencia audaz, que solo se justifica por sus resultados, pero que debe dejar la puerta abierta a los matices que la originalidad del fenómeno totalitario como hecho histórico nos dejan suponer, como hemos dicho en otras partes de este trabajo. Con todo, hay un elemento que debo resaltar, y es el carácter ritualista del régimen. Una página de la biografía de Jorge Semprún en que éste relata sus impresiones de la retransmisión televisiva del acto inaugural de uno de los congresos del Partido Comunista de Cuba, resulta insuperable en su ironía y agudeza. Las cortinas que suben lentamente para mostrar a los «altísimos dirigentes», en hierática y silenciosa actitud, los himnos, las flores... y las palabras del Comandante en jefe, que «habló como lo hubiera hecho Dios al séptimo día de la creación».

Una última reflexión que me sugiere la lectura de las investigaciones de la Douglas al aplicarlas a Cuba, es la larga historia que la cosmología de la hechicería tiene en la sociedad y en la cultura cubanas, por la presencia de las distintas etnias africanas en el universo criollo. El sincretismo religioso al que dio lugar este proceso histórico que marca la cultura y realidad cubana, es quizá un elemento que explique y apunte al arraigo que en un momento determinado pudo encontrar en la idiosincrasia cubana «la cosmología totalitaria», como «cosmología de la Hechicería».

Un tercer libro de Mary Douglas nos ayudará a redondear nuestra reflexión sobre el tema.

Como Piensan las Instituciones:

Este libro de Mary Douglas comienza con las siguientes palabras:

«Escribir sobre cooperación y solidaridad significa escribir, al mismo tiempo, sobre rechazo y desconfianza. El concepto de Solidaridad sugiere individuos que están dispuestos a sufrir en representación del grupo más amplio y que esperan que los restantes miembros individuales del mismo hagan otro tanto por ellos».(18)(CPI 15)

Y es que como dice la misma Douglas, «sea la situación de adhesión a la autoridad, odio a la tiranía o un punto medio entre ambos extremos, el vínculo social en sí se considera por encima de toda discusión». La corrupción del vínculo que une al hombre con las instituciones, cuyo caso extremo podemos encontrar en el totalitarismo, no nos pude hacer olvidar la importancia, conveniencia y necesidad de las instituciones. Estas configuran las mentes de los individuos, ellas toman las decisiones de vida o muerte, porque ellas miran por lo que respecta a todos y nos atañe a todos. Por eso el hombre debe conocer las instituciones, cómo piensan y cómo actúan.

Enfoque bipolar: un polo cognitivo y un polo transaccional.

Mary Douglas, inspirándose en Emil Durkheim y en Ludwik Fleck, nos hace descubrir cómo el universo simbólico compartido y las clasificaciones de la naturaleza encarnan los principios de autoridad y coordinación. Llevamos el orden social dentro de nuestras cabezas por las categorías y lo proyectamos en la realidad natural. Esos supuestos compartidos, esas estructuras mentales comunes, son incorporados por un largo proceso de socialización. Negando que el proceso de socialización se corresponda más con la «pequeña escala» de grupos limitados, Mary Douglas va a desarrollar un enfoque bipolar que muestra como, tanto en las comunidades pequeñas como en las grandes sociedades, la comprensión del comportamiento social está condicionado al desarrollo de un enfoque bipolar: Un polo cognitivo, a partir de la exigencia individual de orden y coherencia y de control sobre la certidumbre. Un polo transaccional, a partir de la utilidad individual que maximiza la actividad descrita en un cálculo de costes y beneficios.

Esto quiere decir que tanto en las pequeñas comunidades como en las grandes sociedades, el orden social y el bien común son realidades que se van construyendo mediante un proceso de regateos y negociaciones racionales. **Las categorías del discurso político y las bases cognitivas del orden social se negocian constantemente**. En las comunidades pequeñas y tradicionales incluso, el análisis de costes y beneficios individuales se aplica hasta en los más pequeños intercambios. El sistema de conocimiento es un bien común que la comunidad, colectivamente, construye.

Elemento sancionador.

Además del pensamiento común construido colectivamente, la sociedad-comunidad utiliza un elemento sancionador para castigar el comportamiento insolidario. En ocasiones la coacción es tan fuerte que no hay lugar a la elección. Tal podría ser el caso de los regímenes totalitarios. Hay todo un discurso «oficial» en Cuba, que cuenta como logros de la Revolución haber erradicado la prostitución, el juego, la mendicidad... el argumento podría exponerse casi caricaturescamente: «hemos obligado a la gente a ser buena». Sabemos que moralmente, no hay moralidad sin libertad. Según la más rancia teología cristiana, Dios mismo no nos ha quitado la posibilidad de ser «malos»: nos habría quitado la posibilidad de ser libres. Sin la libertad, tampoco habría la posibilidad del cambio desde dentro... éste solo podría ser efecto de una fuerza coactiva irresistible y exterior.

La cosmovisión que genera el grupo social (la cuadrícula en el modelo de «Símbolos naturales»), incluye un estilo de pensamiento y la pauta de interacción. Y esto supone la intencionalidad como presupuesto del comportamiento humano. Los seres humanos actúan e interactuan en base a propósitos, intenciones y motivos, que para ser llevados a cabo requieren «la acción con otros». Si ésta no es siempre el fruto de la coacción, debe serlo, al menos en algunos casos, de la persuasión y la discusión racional o más bien «razonable» que solo se hace posible mediante la fe y la confianza como requisitos previos de la comunicación. Desde la antropología Mary Douglas ha llegado a conclusiones que la colocan muy cerca de Apel y Habermas en su propuesta de «Teoría para la Acción Comunicativa: la sociedad ideal de diálogo».

Partiendo de las concepciones de Durkheim y teniendo en cuenta los aportes de la teoría política de Olson y de las explicaciones antropológicas de Radcliffe-Brown, pero superándolos, Mary Douglas dirá que esta es la función de la religión:

«Radcliffe-Brown afirma que los fieles cooperan con el propósito de crear algo que todos ellos desean, y supone que lo consiguen. Pero esto es precisamente lo que ha de explicarse. Tanto los sacerdotes como los fieles intentan llevar a cabo exactamente lo que la teoría de Olson tiene por imposible o muy poco probable. Desean entregarse a una acción colectiva... ¿Cómo consiguen establecer una iglesia colectiva dotada de una doctri-

na propia en vez de perderlo todo entregándose por separado a destructivas persecuciones de herejes?».(19)

Uno de los más críticos libros sobre el totalitarismo soviético, una novela que guardo brumosamente en la memoria, acababa poniendo en boca de su protagonista, poco más o menos, estas palabras referidas al régimen comunista: «si lo que nos han impuesto por la fuerza nos lo hubieran predicado monjes vestidos con largas túnicas en nombre del amor, los hubiéramos creído y lo hubiéramos podido realizar... ¡por la fuerza, no!». Ciertamente, no es tan fácil. No podemos olvidar que el comunismo cristiano primitivo fracasó también... sin dejar de ser por ello un modelo y un ideal para las siguientes generaciones cristianas. Con todas las reservas que nos merezcan las utopías, no podemos echarlas a un lado definitivamente...

Como ha expresado Mary Douglas en su libro, las instituciones, para ser legitimadas necesitan una fórmula que fundamente su bondad en la razón y en la naturaleza. Y esto se lleva a cabo mediante un complejo proceso que nos permite descubrir identidades: ahora bien, este proceso de asignación y definición de identidades es obra de las instituciones, que de esa manera amplían nuestros límites de manejar información. Según Douglas nosotros comprendemos el mundo a partir del modelo de sociedad. Pero a su vez nuestro concepto del mundo reafirma nuestro modelo de sociedad. Refiriéndose a la colocación del cerdo entre los animales impuros en el Antiguo Testamento, dirá Mary Douglas:

«Por tanto, esta clasificación religiosa arcaica, como muchas otras que aún se dan en nuestros días, deben sus divisiones mucho más a su capacidad para modelar las interacciones de los miembros de la sociedad que a una curiosidad desinteresada por los mecanismos de la naturaleza. El paso de la clasificación de inspiración social a la clasificación de inspiración científica, constituye un giro fundamental. El anhelo de objetividad repre-

senta un intento de impedir que la investigación se vea aplastada por la clasificación de inspiración social».(20)

El sistema, tanto teórico como institucional, da coherencia porque organiza y coloca a los elementos y los relaciona entre sí: «identificar una clase de objetos significa polarizar y excluir. Implica trazar límites». Desde la primera diferenciación del niño entre el «yo» y el «no-yo» hasta las más complejas interacciones de la mente humana, saber es discernir. Y eso no lo hace uno solo... es un proceso social. Este es un fenómeno complicado:

«al revolver y escoger entre las analogías que ofrece la naturaleza aquéllas en que depositarán su confianza, los individuos también están haciendo lo propio con sus aliados y adversarios y con el modelo de sus relaciones futuras. Mientras constituyen su versión de la naturaleza, están controlando la constitución de su sociedad. En suma, están construyendo una máquina que piense y tome decisiones en su nombre».(21)(p.96)

La institución, con el peso que la caracteriza, da coherencia a las imágenes del mundo, y es así como hace posible la comunicación. Este proceso no solo es discursivo e intelectual. El Proceso constituye a los elementos dispares en clases y dota de contenido moral y político al sistema resultante. El sistema cognitivo y el social, como habíamos ya visto en «Símbolos naturales», se refuerzan y condicionan mutuamente.

Esta referencia de Mary Douglas a los sistemas cognitivo y social nos remite a la función del «Diamat» que hemos analizado al estudiar a Milosz y a la función de la ideología, tal y como nos la presenta Havel. En el totalitarismo marxista, «la teoría» es un constructo consciente que utiliza todo el prestigio de la «Ciencia» como ideología, en un siglo eminentemente cientista y positivista: bástenos con recordar a Comte.

El último paso: afianzar el edificio social sacralizando los principios de la justicia.

En este proceso, nos dirá Mary Douglas, mediante el cual la institución logra fundamentarse en la naturaleza y la razón, facilitando a sus miembros un conjunto de analogías conque explorar el mundo y justificar la razonabilidad de las normas del grupo, la institución también controla la memoria de sus miembros: esta memoria selectiva nos permite olvidar unas cosas y recordar otras, que respaldan «la visión coherente» del sistema mediante los elementos que le resultan compatibles. Para eso la institución suministrará las categorías de pensamiento, fijará las cogniciones del autoconocimiento y establecerá las identidades. El último paso consistirá en afianzar el edificio social sacralizando los principios de la justicia.

Según Durkheim lo sagrado se reconoce por tres características:

1) Es peligroso —la profanación acarrea gravísimas consecuencias—.

2) Todo ataque de lo sagrado concita emociones de defensa.

3) Se invoca de forma expresa. Hay palabras, signos, nombres, lugares, libros, banderas que son sagrados. Desde esa condición «atacan» al que se atreve a desafiar las clasificaciones y teorías que sostiene a las instituciones. Como dice Mary Douglas: *«Lo sagrado aporta un punto de equilibrio entre naturaleza y sociedad en el que cada una refleja a la otra y ambas sustentan lo conocido».*(22)

El tema de la justicia es muy complejo. Por una parte, la justicia sella la legitimidad de la sociedad. Por otra, al necesitar interacciones reguladas también necesitamos desarrollar principios. Por eso la justicia, como sistema intelectual, «tiene una especie de naturalidad de segundo orden», por ser ella misma condición necesaria para la sociedad humana. De ahi que Mary Douglas diga que

«Ningún elemento aislado de la justicia es intrínsecamente correcto: que lo sea o no depende de su generalidad, de su coherencia esquemática y de su encaje con otros principios generalmente aceptados. La justicia es un sistema intelectual más o menos satisfactorio concebido para permitir la coordinación de un determinado conjunto de instituciones».(23)

Ahora bien, el principio mismo de justicia queda vinculado a contextos determinados. Por eso desde los presupuestos sociales del mundo occidental se reclamaba el cumplimiento de derechos políticos al mundo comunista colectivista, mientras éste echaban en cara a los occidentales sus incumplimientos en los derechos sociales y económicos. Detrás de la discusión estaban los modelos sociopolíticos y económico-culturales que sustentaban ambas sociedades. La única forma de cubrir ese foso fue, entre otros, el proceso de diálogo que culminó en los acuerdos de Cooperación en Europa (el Acta de Helsinski).

En el momento de las crisis, las decisiones últimas que toman las autoridades revelan y reflejan, y por supuesto, dependen de, los modelos de justicia que se han interiorizado y de las instituciones que se han legitimado. Mary Douglas nos muestra, a partir de un estudio de W. Torry, cómo se comportan aldeas o provincias aisladas en tiempos de hambrunas. Durante las mismas, las normas no se derrumban. Al contrario, se vuelven más rigurosas y severas. Y de modo habitual, protegen a los que están en el poder y desfavorece a los más alejados del mismo: a los sectores marginales. De esta manera, se preservan las instituciones medulares y se mantienen abiertos los cauces de comunicación. El objetivo es sostener un nivel mínimo de operaciones. Los que han sido preseleccionados negativamente, se acomodan mansamente a su suerte. Los familiares sobrevivientes de los que «quedaron en el camino» no muestran resentimiento por la muerte de sus familiares. Lejos de llevar a la destrucción del orden social, este sale reafirmado de la crisis.

Evidentemente, no siempre es así. La caída de los Zares en el 17, se debió a los desastres de la guerra y la derrota. Así sucedió también en muchas otras ocasiones. Un largo párrafo de Mary Douglas nos sitúa muy concretamente en este problema:

«En materia de justicia las decisiones más profundas no las toman individuos que actúan en calidad de tales, sino individuos que piensan dentro de instituciones y a nombre de éstas. Un sistema de justicia no tiene otra forma de existir que satisfacer cotidianamente necesidades institucionales... De acuerdo con esta argumentación, elegir racionalmente no consiste en elegir de manera intermitente entre crisis o preferencias privadas, sino en elegir de manera continua entre instituciones sociales. De aquí se deduce que la filosofía moral es una empresa imposible si no comienza por los condicionamientos del pensamiento institucional».(24)

Por eso Mary Douglas concluirá que «solo cambiar las instituciones sirve para algo». El cambio de las instituciones es posible desde los mismo presupuestos (analogías ideológicas, concepciones de justicia...) comunes: sin esa base común, al final tendrá la palabra «el camarada mauser». De ahí la necesidad de establecer puentes, hacer camino y lograr climas positivos que permitan conjugar los diferentes intereses en juego y en riesgo, sin olvidar lo que hace posible los acuerdos de mayor alcance y permanencia: los posibles presupuestos compartidos.

Sentimiento de la justicia iluminado por el Evangelio de Jesús.

Al presentar una ponencia mía en una reunión del «Instituto de Estudios Cubanos», sobre la conveniencia y posibilidad de una solución pacífica y negociada en Cuba, recuerdo que el Prof. Jorge Domínguez me envió una nota, escrita con su rápida y menuda caligrafía. En ella me venía a decir: «y los militares ¿qué? ¿Podrán entender el lenguaje de la Iglesia y de las otras instituciones que promoverían y apoyarían el diálogo, podrán compartir sus mismos enfoques? ¿Cuáles son las bases reales de ese diálogo?» He citado de memoria, pero espero haber sido fiel al planteamiento de Jorge. En verdad, es un plantamiento muy válido y pertinente. Lo que no podemos olvidar es poner en el platillo de esta balanza, el concepto y el peso que tiene el «sentimiento de la justicia», sobre todo cuando lo ilumina el Evangelio de Jesús, y es tomado muy en serio por aquel que haya convertido al amor en el motor de su existencia... ¡sin por ello dejar de tomar muy en serio las cautelas que nuestros sabios amigos nos han hecho!

Cuando uno va a un diálogo en una situación extremadamente conflictiva cuando están en juego intereses antagónicos, uno sabe que arriesga la «chaqueta o el pellejo»: el poder o la vida... a veces también la dignidad. Pero ese es el riesgo que hay que correr. Conviene no olvidar la advertencia douglasiana:

> «Una teoría de la justicia debe guardar un equilibrio entre las teorías de la agencia humana, por una parte, y las teorías de la comunidad por otra. Si en la teoría de la justicia la llamada comunidad es del tipo que nunca penetra las mentes de sus miembros si la experiencia compartida por estos dentro de ella no tiene efecto alguno en sus deseos ni contribuye en nada a la autodefinición o a sus concepciones de lo valioso, la teoría está lastrada por graves carencias. Su concepción del yo no se sostiene y su concepción de la comunidad se contradice a medida que avanza el argumento».(25)

P. José Conrado Rodríguez

ERICH FROMM Y EL MIEDO A LA LIBERTAD

Erich Fromm forma parte de ese grupo de «científicos sociales» —sociólogos, sicólogos, filósofos— de inspiración marxista, que se conoce como «Escuela de Frankfurt» y que inspiraron lo que se ha dado en llamar la «Teoría Crítica de la Sociedad». Contemporáneos del surgimiento del fascismo, fueron sus víctimas en su triple condición de intelectuales, izquierdistas y judíos. No es de extrañar que entre sus trabajos de investigación, el tema del totalitarismo, en particular el «nazi-fascismo», ocupe un lugar tan relevante... junto con la crítica más amplia a la modernidad y a la sociedad y cultura burguesas.

En ese contexto se sitúa la obra de Erich Fromm «El miedo a la libertad». La perspectiva de Fromm, por otra parte, queda fijada en su condición de sicólogo, en su orientación sicoanalítica y en su preocupación por los temas sociales y culturales. El objeto del análisis Frommiano, al decir de Gino Germani, «ha sido una sociedad altamente diferenciada, como la occidental, y su propósito el de desentrañar los procesos sicológicos de formación y comunicación del carácter social de las distintas clases que la integran».(26) (Prólogo al ML, 13) Nos encontramos pues, ante un autor que integra la visión individual de la sicología con la preocupación con la dimensión social y cultural, que evidentemente definen y determinan al hombre. Su visión resultará, no cabe dudas, complementaria respecto de la de Mary Douglas.

Una cuestión que nos puede asaltar al acercarnos al libro de Fromm es el de su aplicación al fenómeno totalitario marxista. ¿Los mecanismos sicológicos que él utiliza para el nazismo pueden aplicarse sin más al marxismo? Fue Bruno Zevi, un historiador de la arquitectura, uno de los que resaltó la convergencia y equiparamiento del marxismo y el fascismo: y esto, a partir del estudio y la comparación de sus respectivas formas arquitectónicas. ¡Ambas resultaban estructuralmente similares!.

Aunque Fromm hace partir el nazismo como fenómeno de la peculiar idiosincrasia de la clase media alemana, da como explicación del autoritarismo que caracteriza al nazismo, la existencia de un mecanismo compensatorio de evasión, «que consiste en la tendencia a abandonar la independencia del yo individual propio para fundirse en algo, o alguien, exterior a uno mismo, a fin de adquirir la fuerza de que el yo individual carece».(27)

Sumisión y dominación. Masoquismo y sadismo.

Este fenómeno se manifiesta en una doble tendencia compulsiva, hacia la sumisión y la dominación: esto es, los impulsos sádicos o masoquistas. Las tendencias masoquistas están constituidas por sentimientos de inferioridad, impotencia e insignificancia individual, que los hace dependientes a poderes exteriores (personas, instituciones o la naturaleza). En el extremo, puede aparecer la tendencia a castigarse o infringirse sufrimientos, síquicos o físicos. Por otra parte, tenemos como manifestaciones del mismo carácter, otras que al parecer le son totalmente opuestas, de carácter sádico: el sometimiento de los otros mediante una forma ilimitada y absoluta de poder; el impulso a explotar y a robar a los demás, incorporando todo lo posible al otro: bienes materiales o cualidades intelectuales o emocionales. El tercer tipo de tendencia sádica, es el deseo de hacer o ver sufrir a los demás, física o síquicamente. «Su objeto es castigar de manera activa, de humillar, de colocar a los otros en situaciones incómodas o depresivas, de hacerles pasar vergüenza».(28) (ML168)

Ambos impulsos tienden a ayudar al individuo «a evadirse de su insoportable sensación de soledad e impotencia». Estas personas se sienten penetradas de intenso terror derivado de su soledad e insignificancia. El masoquista pretende librarse de su yo individual, perderse: librarse de la pesada carga de la libertad. De esa carga viene a librarlos el líder, al que le vinculan los sentimientos compartidos con la masa de sus seguidores: esto no logra salvar al individuo de su conflicto, como sucede de modo general en las neurosis, en que las pulsiones llevan al escapismo de situaciones que se sienten o creen insolubles. El objetivo es encontrar paz y tranquilidad. El camino es la renuncia al yo, mediante la búsqueda del empequeñecimiento propio, el sufrimiento o el dolor.

Otro camino es el de convertirse en parte integrante de un todo mayor, una entidad mayor a la persona: el grupo, otro individuo, una institución, Dios, la nación...

> *«al transformarse en parte de un poder sentido como inconmovible, fuerte, eterno y fascinador, el individuo participa de su fuerza y gloria... También se asegura contra las torturas de la duda... se salva de la necesidad de tomar decisiones, de asumir la responsabilidad final por el destino del yo y, por lo tanto, de la duda que acompaña la decisión. También se siente aliviado de la duda del sentido de su vida de quién es él».(29)*

El sadismo se presenta como un impulso de lograr el dominio completo sobre otra persona. «Humillar y esclavizar no son más que medios dirigidos a este fin». El medio privilegiado de lograrlo es infringirles dolor, hacer sufrir a los demás, sin darles la posibilidad de defenderse. Al analizar ambas tendencias, Fromm descubre que «constituyen el resultado de una necesidad básica única que surge de la incapacidad de soportar el aislamiento y la debilidad del propio yo».

Fromm propone denominar simbiosis al fin que constituye su base común y que él refiere a: *«la unión de un yo individual con otro (o cualquier otro poder exterior al propio yo, unión capaz de hacer perder a cada uno la integridad de su personalidad, haciéndolos recíprocamente dependientes».*(30)

Ambos, sádico y masoquista, necesitan de su objeto y no pueden prescindir de él. Pero mientras el sádico busca seguridad absorbiendo, el masoquista la busca dejándose absorber. En ambos casos se pierde la integridad del yo. El complejo simbiótico supone y requiere la alternancia de papeles. Un ejemplo de ello es la destructividad, que parece atributo del sádico pero que en realidad les es común, con esta diferencia: en el sádico la hostilidad es más consciente y se expresa de manera más directa; en el masoquista es en gran parte inconsciente y busca una expresión indirecta.

El vínculo con el sentimiento de poder resulta evidente. El nazismo, que exaltaba la voluntad de poder de franca raíz nietchiana y de un darwinismo casuelero, utilizaba la fuerza como arma de propaganda y elemento de legitimación al considerarla fuente de derecho: en él la fuerza era el signo y la expresión del poder. Ahora bien, según Fromm

> *«en sentido sicológico, el deseo de poder no se arraiga en la fuerza, sino en la debilidad. Es la incapacidad del yo individual de mantenerse solo y subsistir. Constituye el intento desesperado de conseguir un sustituto de la fuerza al faltar la fuerza genuina».*(31)

Como después dirá, el sadomasoquista domina, pero es impotente, trata de dominar para compensar su impotencia, porque no puede hacer lo que quiere, «porque en la medida en que un individuo es potente, es decir, capaz de actualizar sus potencialidades sobre la base de la libertad y la integridad del yo, no necesita dominar y se haya exento del apetito del poder».(32) Fromm no niega la presencia posible de rasgos «simbióticos» en cualquier persona. Al hablar del «carácter simbiótico» lo hace en el sentido Freudiano, de «impulsos dominantes que motivan el obrar».

Fromm analiza el tema de la autoridad: distingue entre autoridad racional e inhibitoria. En la primera (por ejemplo, la relación maestro-alumno) los intereses de ambos se hayan orientados en la misma dirección, se orientan a ayudar a la persona sometida a autoridad y en la que prevalecen sentimientos de admiración amor y gratitud. Ambos, maestro y alumno se realizan en esa relación: uno enseñando y el otro aprendiendo, lo que hace que se acorte entre ambos la distancia que al principio existía.

En cambio, la relación amo-esclavo se basa en intereses antagónicos: lo que es ventajoso para uno —el beneficio económico—, es dañino para el otro —la explotación—. La «dialéctica del amo y el esclavo» —a la que también se refirieron Hegel y Marx—, supone la distancia y la hace mayor. La hostilidad y el resentimiento acompañan al esclavo, como el desprecio arrogante y la inhumanidad explotadora caracterizan al «señor». El esclavo a veces trueca sus sentimientos negativos por otros de ciega admiración, que le permiten liberarse de esos sentimientos, negativos en sí y además peligrosos para él, aliviando asía la humillación, pues la grandeza del otro justifica su obediencia. (Este sería el fundamento sicológico del «síndrome de Estocolmo»)

Aún hace Fromm otra distinción: entre la autoridad exterior, persona o institución que ordena esto o permite aquello y otra de carácter interno: el deber, la conciencia o el super ego. Y esto pareció en la modernidad una gran conquista del hombre:

«Someterse a órdenes nacidas de un poder exterior (por lo menos en las cuestiones espirituales) pareció ser algo indigno del hombre libre; pero la sumisión de sus inclinaciones naturales y el establecimiento del dominio sobre la parte del individuo —su naturaleza— por obra de la otra parte —su razón, voluntad o conciencia— pareció constituir la esencia misma de la libertad».(32)

Fromm apostilla que la conciencia puede mandar tan tiránicamente como las autoridades externas y sus demandas no siempre responden a las del yo individual, integrado éste por demandas de carácter social «que han asumido la dignidad de normas éticas». Esta constatación nos permite descubrir una forma nueva de autoridad, la Anónima, que bajo el apelativo de sentido común, ciencia, normalidad u opinión pública, ejerce una suave y sutil tiranía sobre la conciencia personal. La orden y el que la formula, se han hecho invisibles. He ahí su peligro mayor.

El carácter autoritario se nos muestra fascinado por el poder. Admira al poderoso y desprecia al humilde. Se doblega ante la fuerza y se hace fuerte ante la debilidad: «es fuerte con los débiles y débil con los fuertes». Un rasgo autoritario resulta desconcertante y desorientador: su tendencia a desafiar la autoridad y a indignarse ante toda intromisión «desde arriba». En el fondo es el desafío de aquel que intenta afirmarse combatiendo su sentimiento de impotencia y reafirmando su anhelo de sumisión. Por eso el carácter autoritario no debe calificarse de «revolucionario» sino más bien de «rebelde».

Además del mecanismo identificativo con la autoridad a cambio de la renuncia a la integridad individual, típica del autoritarismo, otros dos mecanismos hacen su aparición: **la destructividad,** que destruyendo a los demás logra que el mundo deje de ser tan amenazante. Este mecanismo se distingue de la actitud sadomasoquista: porque no pretende incorporar el objeto, sino que lo elimina. Anula la amenaza exterior mediante su destrucción. Esto es válido lo mismo para personas, cosas o instituciones: en su expresión máxima puede llevar a la destrucción del mundo. Un tercer mecanismo que vemos aparecer es el de la **conformidad automática,** que según Fromm es la solución adoptada por la mayoría de los ondividuos normales en la sociedad moderna:

«El individuo deja de ser él mismo; adopta por completo el tipo de personalidad que le proporcionan las pautas culturales, y por lo tanto se contransforma en un ser exactamente igual a todo el mundo y tal como los demás esperan que él sea. La discrepancia entre el yo y el mundo desaparece, y con ella el miedo consciente de la soledad y la impotencia».(33)(ML 210)

Este tema plantea un problema clave para comprender el sistema totalitario, aunque también se manifiesta, más larvada y disimuladamente, en las sociedades democráticas: **la manipulación** por parte de la sociedad o la **cultura,** de la individualidad. En los regímenes totalitarios o autoritarios, no es sólo por el vago temor al aislamiento, sino por la amenaza que puede suponer a la libertad, la conveniencia, o la vida si no nos adaptamos al «criterio oficial».

Cuando leemos la obra de Fromm desde una realidad como la del totalitarismo comunista, y en concreto desde Cuba, no podemos menos de encontrar los paralelismos profundos entre la realidad por él descrita y aquella que con su libro comparamos.

Toda «revolución», (cambio radical y profundo de estructuras sociales, económicas, culturales y políticas) supone una subversión de valores y supone también una afectación de intereses y personas, que se da por descontado. En Cuba, la Revolución encabezada por el «Movimiento 26 de Julio», supuso un apoyo popular, que a medida que las fuerzas rebeldes avanzaban por el territorio nacional se fue haciendo masivo y aplastante. Fidel Castro supo capitalizar el sentimiento de descontento que había contra la dictadura de Batista y unificar al pueblo en un gesta que recordaba la de los «mambises»: los legendarios luchadores decimonónicos por la libertad de Cuba contra la opresión colonial de España. La prensa, la «Radio Rebelde» antes del triunfo, y, sobre todo, la Televisión después de él, dio a esta gesta una presencia total, visible, cotidiana y absoluta en la vida de la gente.

Sobre los orígenes de la actitud «rebelde» de Fidel Castro, oí la explicación dada por el P. Carlos Manuel de Céspedes, él mismo miembro de la alta burguesía habanera (descendiente del primer Presidente de Cuba y «Padre de la Patria», de su mismo nombre). El p. Carlos daba como razón de la actitud de Castro, el resentimiento y frustración por el trato recibido en su niñez y juventud por parte de las familias de sus compañeros en el exclusivo colegio de los jesuitas de la Habana (el Colegio de Belén). Aunque adinerada, la familia de Fidel no estaba a la altura de las aristocráticas familias de sus compañeros de estudio. Es posible.

Desde el punto de social e histórico, un factor a tomar en cuenta es el que Jorge Mañach, intelectual y político muy influyente en la República, llamó el «complejo de subalternidad» de los cubanos: desde el final de la época colonial, la omnipresencia y omnipotencia norteamericana en la política y en los asuntos económicos cubanos, era ya un caldo de cultivo para reacciones de rechazo visceral. Si a esto se le añaden las desigualdades sociales de una sociedad clasista, heredera de la Cuba del XIX, con los graves problemas raciales heredados de la esclavitud, el panorama se hace más complejo. Todo ello fue aprovechado por Fidel Castro políticamente, ya situado en el contexto y mentalidad de la política mundial de los años 50 y posteriores...: la oposición entre el Este y el Oeste y la Guerra Fría.

Lo cierto es que la «Revolución» nació en loor de multitudes. La utopía pareció hacerse realidad «cuando Dios entró en la Habana» según reza el título, a medio camino entre la ironía y la blasfemia, del último libro de Vázquez Montalbán). El líder, con un verbo aplastante y retórico, parecía encarnar en sus discursos los más grandes ideales de justicia, libertad, igualdad y esperanza. Y el pueblo creyó en él. Las relaciones de Fidel con el pueblo de Cuba, el carácter «simbiótico» de esa relación, merecería un tratamiento mayor, que excede a los propósitos y dimensiones de este capítulo. La identificación del líder con el Estado, con la Revolución, no fue solo verbal: cada vez más el «gobierno por decreto» y la omnipotente y omnipresente figura del líder fue llenándolo todo.

Desde un primer momento la Revolución no sólo encarnó los ideales de justicia, sino que tomó la forma justiciera que le dieron los juicios televisados a los esbirros del gobierno de Batista. No era sólo hacer justicia, sino hacerla para dar una lección: la del poder inmenso que tenían las «masas rugientes y enardecidas» que gritaban ¡paredón, paredón! ante la vistal « hipnotizada de toda la ciudadanía, que lo contemplaba todo por la televisión. Era la venganza convertida en espectáculo y a la vista de todos.

El mismo ensañamiento se volcó sobre los que empezaron a desertar. La disidencia se convirtió en delito de «lesa majestad». Las cárceles se llenaron de presos políticos: los encarcelados no eran ya los esbirros de Batista, sino los antiguos compañeros de la lucha guerrillera en los campos o de la resistencia en las ciudades. La Revolución era implacable. Las cárceles también. ¡Saturno siempre acaba por devorar a sus hijos! Cuba tiene hoy la población penal más grande del continente americano: la tortura mayor de estas cárceles es, sencillamente, el vivir. La comida, ¡si se le puede llamar comida a lo que dan de comer en las cárceles!; la promiscuidad, celdas hechas para 4 personas albergan entre 15 y 20, ahora; las necesidades fisiológicas hechas a la vista de todos...; y el terrible calor del trópico, sin agua ni jabón, oliendo todos los olores que pueden producir los cuerpos humanos; más las enfermedades... en especial la omnipresente sarna. Todo ello, hace pálido el infierno de Dante.

El agobio de la vida no ya en las cárceles sino para todo el pueblo, verdadera pasión cotidiana, hace que el mismo vivir sea un acto sádico para los que son responsables de él... y masoquista para los que lo sufren en silencio. ¡Y lo peor no es el horror, sino que tiene uno la impresión de que nos acostumbramos a él! En cuarenta años de gobierno se han cambiado las políticas, los aliados, hasta los enemigos. Pero la entraña del sistema sigue siendo fa misma. Cuando la caída del bloque comunista y el «desmerengamiento» de la Unión Soviética dio al traste con el discurso del «Diamat», se dio paso a la única consigna sobreviviente del ¡resistir, **resistir y... resistir!** porque somos los únicos que encarnamos la verdad, los únicos que nos enfrentamos, en el mundo unipolar, al imperialismo yanki y los únicos que mantenemos los principios, en una política numantina y por supuesto utópica.

El slogan ¡Patria o Muerte! Devenido luego, cuando el amenazado fue el sistema mismo, en el otro de ¡Socialismo o muerte! Es la mejor muestra de ese impulso fanático al que se refería Fromm: los discursos oficiales se han llenado de !»antes hundimos la isla en el mar que entregarla a los americanos»! que refleja una destructividad radical y sin límites. El discurso vitalista de la revolución invencible, dueña de la historia y del futuro (¡El futuro es nuestro!) ha terminado en este colapso total de la esperanza que se llama desesperación. Solo queda en pié el último de todos los principios... es decir, el primero: ¡Comandante en jefe, ordene!

Finalmente, hay un caso que merece un punto y aparte. Me refiero a los actos de violencia perpetrados en la UMAP de los años 60 (campos de concentración que respondían al título eufemístico Unidades Militares de Ayuda a la Producción); a los actos de repudio de finales de los 70; al hundimiento del remolcador «Trece de Marzo» a principios de los 90; o al abatimiento de las dos avionetas de «Hermanos al Rescate» en 1996; y a la actual acción de las «Brigadas de Respuesta Rapida» y de las «Avispas Negras». Me refiero al uso de la fuerza y la violencia contra gente indefensa y desarmada que no ofrece resistencia a las autoridades (o a las turbas «extraoficiales») que las atacan.

Una cita de C. Browning en su estudio sobre el batallón 101 de la reserva de la policía alemana en la Polonia ocupada por los nazis, nos brinda un elemento de reflexión particular:

> «El contexto de guerra es el mismo en los dos casos; pero los que cometen atrocidades de «pancita deliberada» se encuentran en un estado del espíritu diferente. No actúan movidos por el delirio, por la desesperanza o la exasperación, sino por el cálculo frío. Poniendo en obra la política nazi de exterminación sistemática del judaísmo europeo, los hombres del batallón 101 pertenen manifiestamente a esta segunda categoría. A excepción de un puñado entre los veteranos, antiguos combatientes de la Primera Guerra Mundial y de algunos suboficiales que han conocido el frente ruso antes de ser trasladados a Polonia, los hombres del batallón nunca han visto un campo de batalla, ni se han encontrado un enemigo armado. La Mayoría de ellos nunca han disparado movidos por la cólera, ni han recibido un balazo, ni han viso caer a camaradas a su lado. Así pues **no** es la experiencia del combate que generalmente provoca la crueldad y la insensibilidad al sufrimiento del otro la que pueda dar cuenta del comportamiento de los policías en Jozefow. Sin embargo una vez la matanza comenzada, **se** han mostrado cada vez más brutales. Como en una guerra verdadera, el horror del primer encuentro ha terminado por transformarse en rutina. **Y** la matanza de hombres ha llegado a ser más y más fácil. En ese sentido la brutalidad de los hombres no ha sido la causa sino el efecto de su comportamiento.»

P. José Conrado Rodríguez

ERIKSON O LA PEDAGOGÍA DEL CAMBIO

Aunque no ha escrito una obra sobre el tema, Erik Erikson nos puede dar un acercamiento diferente pero complementario al tema del totalitarismo. Como miembro del «Comité de la Moral Nacional», formado poco antes de la entrada de EEUU en la II Guerra Mundial, (comité en el que participaron entre otros G. Allport, K. Lewin y M. Mead), Erikson nos permite un acercamiento a la mentalidad totalitaria más pragmático, desde la experiencia de un sicólogo que analiza la mentalidad del enemigo futuro a partir de los prisioneros de guerra. Su mirada, es sin dudas la de un gran teórico del sicoanálisis, en su vertiente evolutiva infantil y en la sociocultural (son clásicos sus estudios en ambos campos).

Lo primero que resalta en Erikson sobre la mentalidad nazi es el testimonio que leyó y recogió, de un interrogatorio hecho a prisioneros por un oficial canadiense, investigación que terminaba con este comentario:

«Todos se parecen, todos hablan igual. **Es imposible saber lo que piensan.** Hoy, juran que son nazis; mañana que no lo son y las dos veces tienen la misma blanda expresión facial». (34)

Erikson establece su análisis de la situación alemana después de la Primera Guerra Mundial, y bajo los nazis como una regresión colectiva a la adolescencia, y a ese tipo de adolescente que se mete a delincuente.

«Sagaz, ambicioso, y lleno de orgullo, al mismo tiempo es poseído de *bárbaros impulsos, es inmaduro en sus ideas sociales, inseguro de sus ideales y morbosamente sugestionable».* (35)

En esa situación, el adolescente sufre un revés importante, que se convierte en severa humillación, (aquí se refiere a la derrota alemana del '18 y las posteriores condiciones humillantes a que fue sometido el pueblo alemán por la «Paz de Versalles»). Aunque el adolescente trató de adaptarse a las normas de sus vecinos, no lo consigue... «Y tampoco 'su medio' es lo bastante decente para apoyarlo...» así, la adaptación se torna en autohumillación. Angustia interior y decepción exterior son las consecuencias de esta situación, hasta que aparece un jefe pandillero, dispuesto a darle un hogar sicológico al desadaptado adolescente: y ese fue Adolf Hitler y sus secuaces del partido Nacional-Socialista. El Fuhrer le dirá al adolescente que siempre tiene la razón, que la agresión es buena, que la conciencia es un padecimiento a desechar y la adaptación un **crimen** a rechazar. Y ya tenemos montada la experiencia nazi en Alemania.

Negar que el pueblo colaboró y acogió el nazismo sería negar la realidad. Explicar esa realidad y reconocer que el nazismo fue una magnífica realización de ciertas fantasías colectivas adolescentes... con desastrosas consecuencias para el mismo pueblo alemán y para el mundo es lo productivo. Por eso sugería Erikson organizar una pedagogía propagandística a partir del estudio de los éxitos de la misma propaganda nazi y contra-atacarla, teniendo presente que mientras el pueblo no visualizase otras opciones que aquella que tenía delante, no había esperanza de cambio voluntario hacia la adecuada dirección. (No hay que olvidar que estos informes de Erikson fueron elaborados en plena guerra, cuando los nazis todavía tenían el poder). Por eso sugería Erikson que la imaginería desde la que se les hablase a los alemanes fuera la de la familia, el poblado y la región, los elementos más inmediatos en la experiencia del pueblo, no «cooptados» totalmente por la propaganda del «Reich y la gran Alemania».

En un memorándum dirigido al Comité Conjunto de Planeación de la Posguerra, en 1945, dirá Erikson:

«Sólo un cambio inequívoco de su situación histórica total convencerá a un pueblo de que sus pánicos comunes y sus entusiasmos tradicionales han quedado atrás y que sus formas habituales de autoafirmación ya no rinden dividendos... Los

alemanes enseñados a pensar en forma totalitaria, y sugestionables a *los conceptos históricos paranoides, considerarán la desunión ideológica de las fuerzas educativas, las políticas, las militares, las diplomáticas y las comerciales de este país, o bien como un signo de la corrupción democrática o como un gigantesco pretexto, tras el cual esperarán descubrir un nuevo y siniestro esquema de castración cultural o de explotación económica, o ambos».* (36)

Por eso sugería a los Aliados que estudiasen el remplazo ocurrido en Alemania de los antiguos valores jerárquicos por un orgulloso sentimiento de pertenencia al pueblo y de adhesión al partido nazi que eficazmente logró Hitler y su pandilla. Por eso dirá:

«Aunque pueda no gustamos el partido nazi, sin embargo debemos estudiar el cambio revolucionario en las formas de identificación mutua que produjo. Después de todo, esta es la pregunta históricamente pertinente en las revoluciones». (37)

El aporte de Erikson va en la línea de lo que el historiador y pensador cubano Luis Aguilar León apuntaba en un trabajo publicado en los inicios de la Revolución, cuando todavía sobrevivía en la Isla la libertad de prensa: la Revolución supuso barrer con la «Generación del 33»... y lo que vino después: ¡supuso que los adolescentes tomaban el poder! Este salto generacional fue de fatales consecuencias, porque esa generación, la de los años treinta y cuarenta, que fue la que hizo la «Constitución del Cuarenta», estaba, por edad y experiencia, llamada a tomar las riendas de la política nacional. La frustración que supuso el fracaso político de los gobiernos democráticos de Grau San Martín y Prio Socarras, unida a la debacle política del golpe de estado militar dado por Batista en 1952, abrió el portón para la llegada de los «Rebeldes» que asaltaron el Cuartel Mondada en 1953. Un Fidel Castro de 27 años se pondría desde esta fecha en el vórtice de la política nacional. Cinco años después tomaría en sus manos los destinos de la nación... ¡para no volverlos a soltar, al menos hasta hoy!

La comparación de la sicología adolescente del totalitarismo alemán puede también ser aplicado a lo ocurrido en Cuba. También los «barbudos» ejercieron esa fascinación del héroe, del «joven rebelde» (en este caso «con causa»), que «lanza en ristre» se lanza a «desfacer entuertos» y convierte la utopía en realidad... ¡nada más peligroso que ese intento de hacer el cielo en la tierra! Ese destello luminoso de lo heroico lo ha reflejado desde su testimonio personal un sociólogo español de renombre mundial, Juan Linz. A Linz, de niño y de joven le tocó vivir la doble experiencia del movimiento nazi en Alemania y del movimiento falangista en España.(38) Con el desparpajo que lo caracteriza, ha reflejado en su trágica y conmovedora autobiografía el escritor cubano Reinaldo Arenas una experiencia semejante.(39) No es de extrañar que los pueblos se encandilen frente a esos maravillosos fuegos de artificio.

Que las formas «desviadas» de compensación sicológica y social deban ser abandonadas (por ejemplo, el sadomasoquismo y la destructividad totalitarias que señalaba Fromm, o la guerra sin cuartel nazi para afirmar la superioridad de la raza aria) nos plantea el tema de Erikson: **¿cómo educar a un pueblo que se acostumbró a esas formas de acción y reacción, en el plano de los criterios, valores, principios y acciones?** Cómo generar nuevos condicionamientos mentales, personales y colectivos para llevar a un cambio en la gente. Aquí nos referimos a los que se hicieron responsables como victimarios y a los que, aceptando pasivamente la situación, también contribuyeron a que se estableciera o se mantuviera desde el papel de víctimas. Erikson hablaba de que «sólo un cambio inequívoco de su situación histórica total convencerá a un pueblo de que sus pánicos comunes y sus entusiasmos tradicionales han quedado atrás y que sus formas habituales de autoafirmación ya no rinden dividendos». Este punto lo remitimos a nuestro próximo autor.

MARTIN SELIGMAN:
O EL SÍNDROME DE INDEFENSIÓN APRENDIDA

El otro autor que estudiaremos viene de la sicología experimental y de la investigación clínica. Considerado una de las autoridades mundiales en técnicas de la motivación, el Doctor Martin E. Seligman y su equipo de investigación han dado a la sicología actual un aporte muy específico: lo que ellos han llamado **el síndrome** de indefensión aprendida o impotencia adquirida.

No cabe dudas que un posible acercamiento al estado sicológico y moral de la gente bajo los regímenes totalitarios es este que Seligman ha retratado en las palabras anteriores. Es la «apatía gris» de la que hablaba Milozs, refiriéndola a personas y ciudades. Es el fatalismo con que Eliseo Diego acepta convertirse en informante de su propio padre... y es la reacción de **su** padre, que tampoco se rebela ante la situación y le responde: «lo siento, hijo, eres un peón de infantería» y luego sigue a sus versos, como buen poeta... es esa «vida en la mentira» de que nos hablaba Havel en su libro «El poder de los sin poder». Nos damos por vencidos, sicológica, emocional y moralmente. Perdemos el sentimiento de la justicia y bajamos por la cuesta del conformismo y la fatalidad... hasta convertirnos en sombras. En este punto ya no nos duelen los demás, porque nosotros mismos estamos anestesiados. **No nos resistimos al mal porque hemos perdido la capacidad de reaccionar ante él.**

Para poder hacer frente a esta situación se necesita «sentir al otro», abrirnos a su dolor, dejarnos conmover por su miseria y sentirnos solidarios con él. No podemos pasar de largo como hicieron el sacerdote y el levita, en la parábola del «buen samaritano». Decía Martí que el que contempla un crimen en silencio se hace cómplice de él. **Y de eso se trata, de no ser cómplices.** He ahí la responsabilidad de las instituciones que aún con limitaciones siguen en pie, incluso dentro de los regímenes totalitarios: las Iglesias, la familia, las asociaciones fraternales, los grupos más o menos informales.

A principios de los años 70 cuando estudiaba psicología en el Seminario de San Carlos con el doctor Fernando González Plasencia, tropecé con una extraña librería que hacía funciones de biblioteca. En la calle Obispo habían abierto aquel lugar, pienso que depósito de libros extraviados de alguna feria del libro, pero que dejaban leer a los pocos que nos topamos con aquella extrañeza. En esta biblioteca fantasma descubrí por casualidad, en un número de *«Científicos Americanos»* en español, dedicado a la Psicología; la investigación de un joven doctor llamado Martin Seligman.

El doctor Seligman estudió el comportamiento de dos grupos de perros: uno sometido a una situación molesta y altamente angustiosa para los animales, sin posibilidad de salida de la misma. Los animales sometidos al experimento, hicieran lo que hicieran, recibían una descarga eléctrica, sin poder salir de su angustioso tormento. El otro grupo, sometido a similar situación, podía en cambio, accionando cierto mecanismo, salir de ese estado de «tortura». Cosa que acababan logrando después de los consiguientes tanteos.

Cuando ambos grupos se sometían a una nueva situación con posibilidad de salida, los del primer grupo se resignaban a su suerte, sin ni siquiera intentar una salida, aunque estaba ahora a su alcance. Los del segundo grupo, en cambio, lograban encontrar la nueva «puerta de escape» que les permitía salir de la desagradable experiencia.

Desde aquella fecha lejana descubrí lo fecunda que podría resultar la aplicación del experimento del Doctor Seligman al fenómeno que se genera cuando un ser humano queda expuesto por cierto tiempo, a los mecanismos de control que caracterizan al sistema totalitario o pos totalitario. Yo había comparado la acción represora del gobierno a un ataque al nivel del hipotálamo: el látigo y la zanahoria, el miedo y el premio. Conversando con mi obispo en más de una ocasión le hice ver que la respuesta tenía que venir de la corteza, del cerebro pre frontal, asiento fisiológico de la inteligencia y la voluntad. Contra la decisión de un hombre libre nada pueden los poderes tenebrosos. Cuando me llevaron a juicio en Santiago de Cuba por tratar de arreglar la Iglesita de San Pedrito, en el populoso barrio del mismo nombre, en el que se encuentra la vieja fábrica del emblemático Ron Bacardí, yo le propuse al arzobispo no pagar la multa en protesta por la injusticia que cometían contra mí, y contra la comunidad de San Pedrito. Era mejor ir a la cárcel. Pero estábamos enfrascados en el proceso de la «Reflexión Eclesial Cubana» (REC), de la que yo era el responsable en la Arquidiócesis. «No, en este momento no puedo prescindir de ti», fue la respuesta de mi arzobispo. El pago de su bolsillo la multa de 50 pesos. En el juicio que me celebraron en el Palacio Provincial de Justicia se resolvió el caso con una amonestación pública. Poco después un coronel de la Seguridad del Estado, me leyó una larga lista de 17 infracciones a las leyes cubanas, (homilías críticas con relación al Estado, misas en las casa de la gente… etc) me amenazo muy seriamente: la próxima vez que infringiera las leyes no habría clemencia, e iría a parar con mis huesos a la cárcel.

En 1998, cuando tuve que abandonar Cuba a raíz de mi carta abierta al Presidente Fidel Castro para estudiar periodismo en la Universidad de Salamanca, conocí a un joven doctorando en psicología, mi compañero en el Colegio Mayor Oriental, donde por entonces yo vivía. Conversando con mi amigo sobre las investigaciones de Seligman, me informo que acababan de publicar en la editorial Grijalbo Mondadori, el libro «Aprenda Optimismo» (Barcelona, 1998) de Seligman. En el libro, Seligman caracteriza el sentimiento de impotencia, de desamparo, vinculándolo al pesimismo. Fermín me regalo el libro, que él acababa de leer. Allí pude leer:

> «Ese largo periodo que se extiende entre la infancia y nuestros últimos años es un proceso que consiste en emerger del desamparo más impotente a la adquisición de nuestro control personal. Con estas dos palabras, **control personal**, quiero decir la capacidad para modificar cosas según nuestra voluntad; es precisamente lo contrario de la impotencia… Hay muchas cosas en nuestra vida que están más allá de nuestro control, como el color de los ojos, la raza, una sequía; pero también existe un vasto territorio que puede responder a nuestro control, si decidimos hacerlo…

o seguir incontrolado si lo dejamos a otros o al destino. Tales actos comprenden nuestra manera de vivir, nuestro comportamiento con los demás, como nos ganamos la vida... son otros tantos aspectos de la existencia en los que normalmente hay un cierto grado de elección». (AO p.19)

En su libro, Seligman cuenta como realizó un experimento «triádico», con tres perros: uno recibiría descargas de las que podría salir apretando un tablero. El segundo sin posibilidad de controlar su situación quedaba a disposición de las descargas. El tercero, no recibiría descarga alguna. Puestos al otro día en una situación similar, el primer perro salió de su situación traumática descubriendo el nuevo modo de lograrlo, al igual que el tercero. El segundo perro en cambio, se dio por vencido y se tiró en el piso gimoteando y sufriendo las descargas eléctricas, sin hacer nada.

«Estaba claro que los animales pueden aprender que sus acciones son inútiles y cuando lo aprenden ya no vuelven a tomar ninguna iniciativa; se tornan pasivos... Con respecto al sentimiento de impotencia aprendido, Steve y yo creíamos que los perros del experimento simplemente se dejaban caer porque habían aprendido que nada de lo que hicieran importaba y por lo tanto que ninguna de sus decisiones era capaz de influir en el futuro... Los perros no son pasivos porque hayan aprendido que con la pasividad suprimen el electroshock; al contrario, los perros se dan por vencidos porque esperan que nada de lo que puedan hacer cambiara las cosas». (AO p.43-44)

La larga historia de cómo a partir de las tempranas investigaciones del joven nipo-norteamericano, Donald Hiroto, que aplicó los conceptos de Seligman a seres humanos, hasta la larga carrera como psiquiatra de Seligman, ayudando a pensar y aplicando sus descubrimientos para ayudar a los seres humanos a vencer la impotencia adquirida, supuso una victoria contra el behaviorismo en Los Estados Unidos y la teoría de los reflejos condicionados de Pavlov en la Unión Soviética, que habían dominado los estudios psicológicos, con gran influencia en la pedagogía en ambos países.

Como hemos visto en los animales sometidos a una situación de impotencia, aunque cambien las circunstancias, mantendrán la inacción como respuesta. La indefensión actúa como un disuasivo para la imaginación y la creatividad de sus víctimas. Al cambio de situación no le sigue un cambio de hábitos, sino el mantenimiento de los mismos mecanismos de respuesta que ya se habían asumido. El síndrome de indefensión aprendida es el mecanismo clave para explicar la apatía de la gente bajo un régimen totalitario o postotalitario. El sistema mismo ha funcionado como un gigantesco mecanismo generador de indefensión: el control de las distintas esferas de la vida (política-administrativa, económica y socio- cultural); de la información y de los centros de formación ideológica o educativa; de los mecanismos de vigilancia, presión y represión, se encamina a trasmitirnos la sensación de que nada se escapa al omnímodo poder del Estado y sus representantes, oficiales y oficiosos. Todo ello tiene como fin imponernos el síndrome de indefensión.

La realidad totalitaria se presenta como una situación sin salida, que asumida como tal, se convierte en un caso paradigmático de indefensión. De igual modo, la propaganda generada por el régimen va encaminada a convencernos de que es imposible el cambio, o de que el cambio acabará en caos: esto es, que no hay salida posible para la actual situación. Una frase de la periodista Soledad Cruz, en los años 90, expresa apodícticamente estas ideas. «Esto no hay quien lo tumbe, pero tampoco quien lo arregle». La periodista se cuidó de poner la frase en boca de «un obrero», alguien sin rostro ni nombre, mostrando así su propia indefensión. Se atrevió a decirlo, pero no a suscribirlo. En un país donde el gobierno jamás ha pedido perdón por sus errores, donde la más mínima critica era considerada como un acto de lesa Patria, legalmente punible, ya fue un paso de avance que alguien se atreviera a publicar una frase como esa, que lleva implícita una dura crítica a la realidad del país. Pero esta idea («no hay quien lo tumbe... ni quien lo arregle») es, en sí misma, generadora de indefensión. Y se remacha, una y otra vez, echando mano de los viejos proverbios: como aquel que reza: «más vale malo conocido que bueno por conocer» y otros por el estilo. **El más perfecto estado de indefensión es aquel que conlleva la renuncia al intento mismo del cambio.** En función de crear esta actitud se emplean todas las bazas: el terror, el temor al fracaso, el desaliento, la desconfianza de uno mismo y de los demás. Todas las formas de división y sospecha. Su extrema expresión se da cuando nos logran convencer «de que la gente no vale la pena», que no merecen nuestro sacrificio. **Es así como la omnipotencia del Estado se alimenta de la impotencia de los ciudadanos**.

Pero estas ideas, actitudes y situaciones que configuran un estado de indefensión, solo funcionan si son asumidas por aquellos que las padecen. Cuando el síndrome de indefensión aparece en los seres humanos, está sustentado por ideas, actitudes y experiencias repetidas. Mientras más incondicionadas nos parezcan, mientras más impersonal y asépticamente se nos imponen, más peligrosas son. Por años me ha asombrado que las mismas personas que tienen temor a levantar la voz en una asamblea, que no se atreven a comprometerse en una acción cívica pacifica para lograr cambiar una situación tan dañina para ellos y sus semejantes, tienen sin embargo el valor de lanzarse en balsas y en cámaras de neumáticos de un camión a un mar infestado de tiburones y a merced de inesperadas y terribles tormentas tropicales. **La respuesta es que tienen la esperanza de llegar**... por eso también llamo «**desesperanza inducida**» a la indefensión o impotencia aprendida. Para la inmensa mayoría de los cubanos, la única salida a nuestra desesperada situación es irse del país. Los que perseveran en una lucha incierta y peligrosa, generalmente asumida como inútil por sus vecinos y familiares, son los así llamados «disidentes».

Quiero recordar la valentía y la lucidez de un querido amigo, Oswaldo Payá Sardiñas, fundador del «Movimiento Cristiano Liberación». Osvaldito utilizó una cláusula de la constitución de nuestro país, hecha por los mismos comunistas, que planteaba que cualquier ciudadano con el respaldo de 10 000 firmas, podía presentar una propuesta de reforma a la ley. La iniciativa puso en jaque al Estado, que tuvo que movilizar todas sus fuerzas y mediante un plebiscito, quitar aquella clausula peligrosa que nadie pensó que fuera utilizada para reformar el carácter «socialista» de la nación. La respuesta del gobierno fue orquestar un plebiscito para derogar la confiada cláusula que nunca pensaron se utilizaría en su contra. Nunca nadie, según esa votación popular, podrá reformar la constitución, que quedó blindada al posible cambio procedente de los mismos ciudadanos, conminados a votar el carácter eterno e inamovible del socialismo en Cuba. La decisión de un valiente e inteligente disidente, puso en Jaque al poderoso Estado totalitario. Osvaldito había vencido la indefensión aprendida y utilizó las mismas leyes del Estado para movilizar a la gente para una lucha pacífica e inteligente. La muerte de Oswaldo, en oscuras circunstancias, nos recuerda que este camino tiene sus riesgos, que pueden llegar al extremo de la entrega de la propia vida. Los nombres de Dietrich Bonhoeffer, Maximiliano Kolbe, Jerzy Popieluszko, Oscar Arnulfo Romero, Martin Luther King, y el Mahatma Gandhi; que en contextos diferentes, se enfrentaron al mismo dilema, nos recuerda que la lucha por la justicia con las armas de la verdad y del amor, puede terminar con la muerte violenta del luchador.

Entre mis colegas sacerdotes e incluso obispos, corre una frase que lleva implícita la indefensión aprendida: «nadie que no haya vivido todos los capítulos de la novela, la puede entender». «La novela» son los 60 años de gobierno revolucionario. Cuando uno ha pasado por todas «las etapas» queda condicionado, aun sin percibirlo claramente, por la experiencia vivida. Somos víctimas y actuamos en consecuencia con ello, pero no nos damos clara cuenta de cuanto lo somos. Cuando vienen los misioneros, sacerdotes, religiosas o laicos de otros países, pueden llegar a ser más objetivos que nosotros, pero nos parecen que están mal, porque no responden a nuestros condicionamientos, tan asumidos, que nos parecen el «summum» de la realidad. Al estar menos condicionados, los «nuevos» se extrañan por cosas que no tienen por qué ser, y tienen iniciativas que a nosotros ni se nos ocurren, pues ellos no están aquejados de nuestras «indefensiones aprendidas».

> «La impotencia aprendida es la reacción a darse por vencido, a no asumir ninguna responsabilidad y a no luchar, como consecuencia de creer que cualquier cosa que podamos hacer carece de importancia. Las pautas explicativas *son los criterios que solemos utilizar para explicarnos a nosotros mismos por que suceden las cosas. Es el gran modulador de la impotencia aprendida. Un criterio explicativo optimista pone un freno y detiene el sentimiento de impotencia, en tanto que un estilo explicativo pesimista no hace sino acrecentar el sentimiento de impotencia.*»

Lo que hace verdaderamente insidiosa a la «indefensión» es que la sumimos al mismo tiempo como un tranquilizante y una justificación, una verdadera pantalla que nos impide ver lo obvio, objetivamente hablando, y subjetivamente nos inocula un virus espiritual contra la sana inquietud que nos provoca el sentimiento de la justicia: esa capacidad de rebelarnos frente al mal, y su correlato ético: no quedarnos cruzados de manos ni callados ante la injusticia y la maldad, inertes, espiritualmente hablando. A la base de esta situación está la desinformación de los medios masivos de comunicación y del discurso oficial, que nos sitúa dentro de un «túnel de realidad virtual, nueva cueva de Platón», en la que sólo percibimos lo que quiere, autoriza, procesa e impone el todopoderoso aparato de propaganda oficial. Para la mayoría de la gente el noticiero, las informaciones de la radio, de la prensa plana y de la televisión, «informan», cuando en realidad «deforman», y lo colocan todo al servicio del discurso único del poder, la versión «oficial» y siempre sesgada de la realidad, que remacha nuestras cadenas y paraliza y hasta destruye, nuestras fuerzas interiores, nuestra conciencia y nuestra voluntad.

Seligman señala una posible cura a la indefensión. Él ha descubierto que el «hombre solitario» separado de la comunidad, de una referencia trascendental, que vaya más allá de sí mismo, estará totalmente a merced de las fuerzas tenebrosas del mal. Conviene que nos detengamos en este punto para que lo podamos comprender. Escuchemos al mismo Seligman:

«La vida que solamente se compromete con la vida misma no puede ser sino una vida mezquina y pequeña. Los seres humanos exigen vivir en un mundo con significado y esperanza. Estábamos habituados a vivir dentro de un contexto vasto, y cuando tropezábamos con el fracaso podíamos detenernos y descansar en la nueva situación hasta volver a captar el sentido del lugar en que nos hallábamos. A esa situación más amplia la denominó comunidad. Consiste en una creencia en la nación, en Dios, en nuestra familia o en un propósito que trascienda nuestras vidas».

Si leemos este párrafo desde la experiencia y las lecciones que nos da la historia, quizá lo podemos comprender mejor. Para cualquier hombre que observe atentamente y conozca medianamente la historia del siglo XX, el año 89 del pasado siglo constituye una lección difícil de olvidar. Un pensador de raigambre marxista, historiador de calibre, el profesor ingles Eric Hobsbawm, lo expresa en su «Historia del siglo XX» con las siguientes palabras:

«¿Podía alguien pensar en serio en 1985 que, seis años más tarde, la Unión Soviética y su Partido Comunista dejarían de existir y que todos los demás regímenes comunistas europeos habrían desaparecido? A juzgar por la falta de preparación de los gobiernos occidentales ante el súbito desmoronamiento de 1989-1991, las predicciones de una inminente desaparición del enemigo ideológico no era más que calderilla de retórica para consumo público. Lo que condujo a la Unión Soviética con creciente velocidad hacia el abismo fue la combinación de glasnost, que significaba la desintegración de la autoridad, con una perestroika que llevo a la destrucción de los viejos mecanismos que hacían funcionar la economía, sin proporcionar ninguna alternativa, y provoco en consecuencia, el deterioro del nivel de vida de los ciudadanos». (Hist. del s XX p.479)

La corrupción de una nomenclatura cada vez más desprestigiada, de un burocratismo paralizante, de la pérdida de los ideales y valores, por la erosión de un ateísmo desintegrador, conllevó a la pérdida de la civilidad, dejó a los individuos sumidos en un individualismo aniquilador. El mismo Hobsbawm reconoce que el curso de los acontecimientos hubiera sido diferente sin la presencia de Polonia, con su fuerte sentido de la comunidad Patria, cuyo bastión ultimo era una profunda fe religiosa que una Iglesia aguerrida y militante, sólidamente estructurada, mantenía viva. Una Iglesia que además, apoyó a la sociedad civil, nucleada en torno a un sindicato obrero (Solidaridad) que estaba siendo asesorado por una inteligencia lúcida y comprometida con su pueblo. Más el inesperado toque del apoyo papal: porque un hijo de la «Polonia Semper Fidelis» era, en ese momento, el Pastor supremo de la Iglesia católica, y no perdió ocasión para ayudar a su querida patria y su amado pueblo. Los polacos eran personas que «vivían en un mundo con significado y esperanza», a diferencia del pueblo soviético, en clara bancarrota ética, económica y espiritual.

Por donde salió Polonia saldrían los otros países del bloque socialista y las mismas republicas que por siete décadas conformaron la «Unión de Repúblicas Socialistas Soviéticas» y que incluso, acabarían reconquistando su independencia. Como hemos visto al estudiar el «Informe Contra Mí Mismo», el libro de Eliseo Alberto Diego, nadie defendió a esa Unión Soviética agonizante... ni un sólo konsomol, ni un mariscal, ni un militante del partido, ni un héroe del trabajo socialista, ni un soldado del ejército rojo: nadie movió ni un solo dedo para salvar al sistema. Nadie creía ya en él. Allí no había nada que defender.

La suerte de estos países que se alzaron con una opresión de varias décadas, estaba vinculada a la capacidad de renovarse y emprender un camino nuevo, lo que podría conllevar sacrificios e incertidumbres y peligros. Pero ellos estaban inspirados por la esperanza, por un «nosotros» por el que valía la pena luchar. La fe en Dios guio a esos hombres que inspiraron multitudes y sostuvieron la lucha en los momentos mas difíciles. El nombre de Jerzy Popieluzko podría ejemplificar el espíritu invencible de un pueblo creyente y solidario. Mi amigo rumano Cristian Ariesanu, compañero de teología en la Universidad de Salamanca, que tuvo la amabilidad de traducir el libro de Noica para que yo pudiera utilizarlo en este libro, cuando era un adolescente, vivió en su ciudad natal de Clush-Napoka, el levantamiento popular que acabaría con la dictadura de Nicolás Ceaucescu. Cristian me describió como la gente se lanzó a la calle como si despertara de un largo sueño, más bien de una pesadilla, dispuestos a morir antes que continuar con la misma vida que se les impuso por 44 años a los rumanos. Con la libertad, la gente recobraba la alegría de vivir, y un renovado de fraternidad solidaria: los vecinos se abrazaban en las calles… incluso los desconocidos. Los ojos estaban llenos de lágrimas y los corazones de esperanza: Un sentimiento profundo de haber recobrado la propia dignidad iluminó la vida entera de un pueblo que antes estaba aplastado por el desaliento y el temor.

Con todo, sostener el espíritu humano en pie de lucha por esos valores que informan la vida de sentido, y conforman instituciones y mecanismos capaces de dar cuerpo y contenido a los ideales comunes, se convierte en un trabajo cotidiano y constante. ¿Cómo alimentar en el corazón del hombre esa fuerza interior, esa entrega continua que sostenga la propia existencia y también la vida en sociedad? Las palabras del Papa Benedicto XVI nos podrían orientar y hacer descubrir las razones últimas que inspiran la vida de más de mil millones de hombres que en todo el mundo aman y siguen a Jesucristo: «La caridad en la Verdad de la que Jesucristo se ha hecho testigo con su vida terrenal y sobre todo con su muerte y resurrección, es la principal fuerza impulsora del desarrollo de cada persona y de toda la humanidad. El amor –caritas– es una fuerza extraordinaria, que mueve a las personas a comprometerse con valentía y generosidad, en el campo de la justicia y de la paz. Es una fuerza que tiene su origen en Dios, Amor eterno y Verdad absoluta». (Caritas in veritate, p.5)

Como dijera el Papa en esa misma encíclica: «Sin Dios el hombre no sabe a dónde ir ni tampoco logra entender quién es... por tanto, la fuerza más poderosa al servicio del desarrollo es un humanismo cristiano, que vivifique la caridad y que se deje guiar por la verdad». Por eso me permito disentir humildemente del señor Seligman. No es suficiente tener una referencia a un ser superior o a la sociedad como trascendencia de la individualidad solitaria. Siempre me llamó la atención, leyendo los reportes que hicieron los periodistas occidentales de la Alemania Nazi durante los juegos olímpicos de Berlín, las alabanzas y la admiración que despertaron la recuperación de la nación alemana y el despliegue de organización, eficacia y aun belleza de aquellos juegos. Los alemanes habían recobrado su dignidad como pueblo y estaban saliendo adelante con su economía y su capacidad para superar la crisis cívico-social y ética que les dejó la derrota de la Primera Guerra mundial. Pocos años después, el holocausto judío, la invasión y posterior ocupación de los países vecinos, y el inicio de una guerra superior en maldad y muertos a la Primera, nos mostraron el verdadero rostro del nazismo, su brutalidad criminal, que venía de un falso orgullo racial y de un sentimiento de desprecio de los demás pueblos y culturas. En verdad, sin Caridad y Verdad, con el odio y la mentira, que se pueden encerrar en una identificación insana con los intereses de una raza, clase social o nación no se puede lograr vivir en un mundo con significado y esperanza. Lo que no quita, que en principio coincida con Seligman cuando dice:

> «El declive de la comunidad, en contraste con el auge de lo individual, hace que el fracaso sea permanente y global. En la medida en que dejen de tener importancia las instituciones más amplias y altruistas (Como Dios, la nación y la familia) los fracasos personales parecen catastróficos»(p.356)

Y una vez que llamamos la atención sobre el necesario discernimiento que nos lleve a unir Caridad y Verdad y una vez que descubrimos su raíz más profunda en el Dios que Jesucristo nos reveló en su Evangelio, descubriremos el vínculo profundo que existe entre Dios y sus hijos, al nivel personal, familiar y social. El amor es inclusivo y en su esencia nos lleva a trascender y elevar. Por eso, suscribo las palabras con las que concluyo este capitulo:

«No creo que el optimismo aprendido, pueda contener la marea de la depresión que puede anegar a toda una sociedad. El optimismo no es sino un útil complemento de la sabiduría. No es capaz de dar un significado por sí mismo, sino que es un instrumento para que el individuo alcance los objetivos que se ha fijado. En la elección de los objetivos es donde encontraremos el vacío. Cuando el optimismo aprendido se acompaña de un renovado compromiso para con la comunidad, entonces puede terminar nuestra epidemia de depresión y falta de sentido». (p.361)

EPÍLOGO

En su monumental obra «*Los Orígenes del Totalitarismo*»[105] Hanna Arendt nos ha mostrado como el totalitarismo persigue un doble objetivo para lograr su ideal de dominación total: mediante el terror y la ideología, desconectar al hombre del contacto con la realidad y con la capacidad de pensar, ademas de desconectarlo del contacto libre y sincero con sus semejantes. Después del recorrido que hemos hecho por tantos autores, este denso texto de la Arendt se nos ofrece con claridad meridiana:

> «*La coacción del terror total, por un lado, que, con su anillo de hierro, presiona a las masas de hombres aislados y las mantiene en un mundo que se ha convertido en un desierto para ellos, y la fuerza coactiva de la deducción lógica, por otro, que prepara a cada individuo en su aislamiento solitario contra todos los demás, se corresponden mutuamente y se necesitan mutuamente para mantener constantemente en marcha el movimiento gobernado por el terror. De la misma manera que el terror en su forma pretotalitaria y simplemente tiránica, arruina todas las relaciones entre los hombres, así la autocoacción del pensamiento ideológico arruina todas las relaciones con la realidad. La preparación ha tenido éxito cuando los hombres pierden el contacto con la realidad que existe en torno a ellos; porque, junto con estos contactos, los hombres pierden la capacidad tanto para la experiencia como para el pensamiento. El objetivo ideal de la dominación totalitaria no es el nazi convencido o el comunista convencido, sino las personas para quienes ya no*

---

[105] Hanna Arendt, *Los orígenes del Totalitarismo*, Taurus, Madrid 1974.

existe la distinción entre el hecho y la ficción (es decir, la realidad empírica) y la distinción entre lo verdadero y lo falso (es decir, las normas del pensamiento).»[106]

Nosotros, al recorrer el fenómeno de la mano de estos cuatro autores, hemos, al igual que Dante bajado al infierno de la mano de nuestros modernos Virgilios. No ha sido una bajada fácil. Para aquellos que no han vivido la experiencia y no han sufrido en carne propia la mordida de esta terrible serpiente de la historia moderna, hija bastarda de la tecnología y el terror, ni siquiera hay lugar para la fe en los que sí hemos sido testigos: no nos creen. Han tenido al infierno tan cerca, quizá al paso de una simple frontera y ni siquiera se han enterado. No han sabido que sus contemporáneos murieron en las cámaras de gas alemanas, en los GULAGS soviéticos o en los UMAPS cubanos, y no han llorado el dolor de tanta gente sacrificada al Moloch del poder.

Y sin embargo, no estamos tan lejos. Cuando el hombre en el Occidente moderno, renuncia a su compromiso con los demás, cuando deja que los poderes oscuros de una política corrompida y unos leviatanes de la economía ciega le decidan la vida, el totalitarismo feroz vuelve a renacer y enseña, tras la capa dorada de su progreso y su riqueza, la pezuña feroz que termina en garra. Los periódicos nos hablan todos los días de la corrupción a altos niveles; del GAL, del «Caso Marey»: ¿y qué son todos estos fenómenos sino los precursores de otros peores y mayores?

Un mensaje también para Occidente.

En los cuatro autores que hemos estudiado, no han faltado las críticas a Occidente. Las democracias de acá también están enfermas, nos vienen a decir. La caída del bloque de países que componían el campo de las «democracias populares» no solo dio al traste con la Guerra Fría, sino que dejó a Occidente sin contrincante, sin el acicate del peligro. Eso puede ser bueno, pero puede ser también muy peligro-

---

[106] Ibídem, pag. 574.

so: «en la confianza está el peligro» decían los viejos. Cuando el enemigo no está «afuera» aparece «dentro» y por la experiencia de la historia, los enemigos de dentro son más peligrosos: la corrupción, la falta de ideales, el abuso de la fuerza, la transgresión de los limites.

Incumplimiento de la Sociedad Capitalista.

Norberto Bobbio[107] ha expresado cómo la sociedad capitalista avanzada ha incumplido las tres promesas que ofrecía: Participación, control desde abajo y libertad de disentimiento.

La participación no se ha logrado por dos razones: la apatía política, que se traduce en falta de participación y la participación distorsionada, deformada o manipulada por los organismos de masa que tienen el poder ideológico.

El control desde abajo, porque los organismos que el ciudadano controla son cada vez más ficticios, los centros de poder se trasladan a los instrumentos: gran empresa, ejército y burocracia, que operan «tras el trono» y a veces por encima de él.

El disentimiento es limitado, pues solo se refiere al sistema económico dominante, que no ofrece posibilidad de alternativa radical.

Estos escollos deben ser superados. Quizá escuchando a aquellos que han venido desde una experiencia peor, y que traen el aporte no solo de su sufrimiento, sino también de su compromiso y de su lucha. Oigamos la autorizada voz de Vaclav Havel, que nos dice:

«No parece que las democracias parlamentarias tradicionales sean capaces de proponer el modo de hacer frente de manera fundamental a la <autocinesis> de la civilización tecnológica y de la sociedad industrial y de consumo; también a ellas las arrastra su torbellino y son impotentes ante él; solo que el modo como manipulan al individuo es infinitamente más sutil y refina-

---

[107] Norberto Bobbio, *¿Qué Socialismo?*, Plaza & Janes, Barcelona pag. 45-46.

do que el brutal del sistema postotalitario. Pero todo este complejo estático de los partidos políticos de masas, esclerotizadas, llenos de verborrea y cuya finalidad política acaba en ellos mismos, que dominan con su aparato de profesionales y vacían a los ciudadanos de cualquier responsabilidad concreta y personal; todas las complejas políticas de focos monopolizados e imperialista de acumulación del capital; todo el omnipresente diktat del consumo, de la producción, de la publicidad, del comercio, de la cultura consumista y todo ese diluvio de la información, todo esto, —tantas veces analizado y descrito— difícilmente puede ser considerado como la vía futura que llevará al individuo a reencontrarse a sí mismo».[108]

La propuesta de Havel sigue siendo, al igual que para los países del Este, la vuelta al hombre concreto, la sencilla asunción de la propia responsabilidad, la meditación de aquella frase de Heidegger: «solo un dios nos puede salvar». No las estructuras, ni las medidas de organización, sino esa vuelta profunda a la eticidad, a la espiritualidad. A Dios.

El papel de las Iglesias.

Si de Dios hablamos es que de alguna manera, «con la Iglesia hemos topado». En mi condición de sacerdote, la Iglesia y su papel en la sociedad al servicio de los hombres, es algo que nunca está ausente. Desde mi primer libro (aún inédito), «El Futuro de la Iglesia en Cuba», el tema de la Iglesia me persigue y me inquieta. Pero no solo desde el punto de vista intelectual. Si no desde un punto de vista práctico y muy concreto: le he entregado mi vida a Dios en la Iglesia y a través de la Iglesia. He comprometido mi vida «nupcialmente y hasta el fondo» desde los trece años: ¡hace más de treinta! He vivido

---

[108] Vaclav Havel, El poder... op. cit pag. 126. Por otra parte el tema de la «convergencia" entre el capitalismo y el socialismo de las democracias populares se puso de moda a mediados de los 60. Ver Guy Hermet, *Totalitarismos*, FCE, México 1991. Pags 56-57.

paso a paso y en carne propia la pasión de mi propia Iglesia y he sufrido yo mismo el martirio incruento de la persecución a veces brutal, a veces solapada, siempre insidiosa, de aquellos que aún detentan el poder en mi patria, y bajo cuya autoridad política volveré a estar dentro de muy poco tiempo.

Cuando en mi parroquia denunciaba los malos tratos que la policía daba a la gente en la ciudad en que yo era párroco; cuando defendí a la gente que acudía a mí para que yo los defendiera de las autoridades («porque los abogados tienen miedo, padre: no nos defienden»); cuando exhortaba al pueblo a que no aceptara con los brazos cruzados la violencia de que era objeto, que no callara su verdad, que no le hiciera juego a la mentira... yo no había leído el libro de Vaclav Havel. Leyendo «El Poder de los Sin Poder» me di cuenta que yo había actuado, sin saberlo ni proponérmelo, como un disidente. Pero no podré jamás olvidar cuando un jerarca de la Iglesia me dijo, con cierto rintintín y cara de disgusto: «Padre, a Ud. lo van a confundir con uno de esos disidentes».

Todo puede ocurrir. También que nos lavemos las manos ante el pueblo que sufre, como unos nuevos Poncios Pilatos... por defender una falsa paz y una precaria seguridad. !Si no sabemos distinguir al lobo de los corderos, nos podríamos confundir y apacentar al lobo mientras «espantamos» a los corderos! Dios nos libre! Pero sigue siendo cierto que hoy la Iglesia es el gran paño de lágrimas del pueblo cubano. Y no por las ayudas que se reciben a través de caritas, sino por la fuerza que reciben los que están agobiados cuando se les anuncia el Evangelio; por el trabajo que se realiza con los jóvenes, educándolos para vivir en la verdad y en la solidaridad; por el ambiente de libertad y de respeto que se respira en las comunidades; por la capacidad que poco a poco se hace mayor, de actuar sobre la mostrenca realidad desfigurada por la ideología con el colirio de la sinceridad y de la veracidad. La Iglesia está realizando una labor encomiable y magnífica. Pero todavía queda mucho por hacer. Las comunidades deben ser más dinámicas, los laicos más comprometidos y la acción de la Iglesia, pastores y laicos, más valiente. Es mucho lo que se ha hecho, es mucho lo que se hace. Pero es mucho más lo que nos queda por hacer.

Cuando terminaba estas cuartillas recibí desde Cuba una carta. Me la escribía uno de los jóvenes a los que he dedicado este trabajo de grado. Un joven extraordinario, que fue comunista convencido y dejó un futuro seguro de jerarca del sistema cuando descubrió que la verdad iba por otro camino. Un joven por el que siento una profunda admiración y que me honra, como todo ese grupo que formé en mis últimos años de párroco en Cuba, no con el genérico «padre» conque se nos llaman a los sacerdotes, sino con un cariñoso «papá» que, no me niego a reconocer, me llena de gozo y de satisfacción. Mi joven hijo cubano me cuenta el nacimiento de su primera hija, mi nieta. Sus luchas en el trabajo —es abogado, de los que sí defienden a la gente— Y sus preocupaciones por la Iglesia. Porque estos muchachos míos aman la Iglesia. Pero con un amor exigente y comprometido, que los lleva a levantar la voz cuando no están de acuerdo con lo que sucede en la comunidad o con la actuación del cura de turno. Como debe ser.

La carta, que pongo como anexo al final de este trabajo, quizá expresa mejor que muchas cuartillas que yo rellene desde acá, el drama de esos cristianos que dan testimonio de su fe y quieren una Iglesia que sepa acompañarlos. De esa gente que bajo el terror es capaz de levantar la frente y caminar erguida, sin negar el miedo que sienten, pero venciendo el vacío del estomago y el frío de las manos. Que son «capaces de hablar con palabras como espadas delante de los jueces»,[109] sin sentir odio en el corazón porque saben que los que los persiguen en nombre de una idea desfasada y un poder llamado a desaparecer, son sus hermanos, errados y engañados, pero hermanos. En esta carta se ve cómo funcionan, ahora con métodos más suaves (en mi tiempo nos llevaban a la estación de policía y nos interrogaban oficiales de la seguridad con cara de matones) dando «buenos consejos» y «preocupándose por el bienestar de la gente». Pero el refajo se les sale, de todas maneras: la amenaza se respiraba en todas las pala-

---

[109] Himno de la Hora Intermedia, Fiesta de Pentecostés.

bras y aunque las convicciones ya se tambalean, los «rictus» del poder se dejan ver detrás de las sonrisas congeladas de sus personeros y heraldos.

Así se construye la Patria. Y así se levanta la Iglesia. En esa gente que ha sabido dar el paso al frente y no ha querido colaborar con la mentira, tratando de vivir en la verdad. En esos jóvenes que arriesgan el puesto de trabajo, la libertad o incluso la vida, pero sin empuñar más armas que las del amor. Por eso se unen a los demás, en confianza y fraternidad, dando el testimonio de la alegría y la paz que lleva en sí el hombre justo y solidario. Saliendo al encuentro de la necesidad concreta, de la defensa oportuna, de la acción solidaria. La Iglesia tiene que ser entonces, «madre y maestra», experta en humanidad que señale el camino y anime al compromiso.

«Todos somos responsables», dije en mi carta al jefe del Estado cubano... para añadir seguidamente, «pero nadie lo es en mayor proporción que Ud». En el discurso que dirigió a su nación, el primero de enero de 1990, recién estrenado de presidente y recién salido de la cárcel, decía Vaclav Havel:

«Me refiero a todos nosotros. Ya que todos nos hemos adaptado al sistema totalitario, lo hemos aceptado como un hecho imposible de cambiar y, así, lo hemos mantenido. En otras palabras: todos —aunque, naturalmente, en grado diferente— somos responsables del funcionamiento de la maquina totalitaria; no hay nadie que sea solo su victima; todos debemos considerarnos sus autores».[110]

Aun la misma Iglesia, o sus instituciones, cuando no cumplen con el deber fundamental de servir al hombre concreto con humildad, se convierten en totalitarios. Cuando la iglesia no deja en su propio seno, espacio para la libertad y la participación, la crítica y el compromiso,

---

[110] Vaclav Havel, *Discursos Políticos*, Espasa, Madrid 1995 pag. 29.

en especial de los laicos, se convierte en totalitaria. La lógica del sistema instrumentaliza y cosifica al hombre de carne y hueso, destierra el diálogo e impone el criterio del poder: eso es totalitario.

La ley del embudo.

Se sirve de la gente pero no sirve a la gente: y entonces impone lo que yo llamo «la ley del embudo». Cuando esto ocurre, cuando la Iglesia adopta la «lógica del sistema» y convierte la institución en «un fin en sí misma», aquellos que aman de veras a la Iglesia, se deben rebelar en nombre del Evangelio y de Jesucristo y no aceptar esa corrupción, que cuando es de los que deben ser «sal de la tierra y luz del mundo», es peor: «corruptio óptimi, péssima». Cualquier autoridad en la Iglesia que no se someta al Evangelio y olvide las palabras de Jesús, «he venido no a ser servido, sino a servir» se corrompe y convierte en totalitaria, en mayor o menor grado. Y esto vale lo mismo en Cuba que en España. «*Ecclesia semper reformanda*». *Semper et ubique*, habría que añadir, si queremos ser fieles a Jesús y a su mensaje.

Si olvidamos el mal nos volvemos autores de un silencio culpable.

El reportero inglés Fergal Keane, a la luz de lo que ocurría en Ruanda y Burundi, y después de vivirlo muy de cerca, como testigo presencial y horrorizado, publicó un articulo en «The Guardian» en el que decía:

«ahora, después de haber pasado revista a todas las emociones y los pensamientos que Ruanda me ha inspirado, la respuesta me parece terriblemente simple. Me interesaré siempre de lo que acontece en los más remotos paises africanos, porque Ruanda me enseñó a dar a la vida un valor que no le atribuía. Los campesinos vestidos con trapos que morían, y los que los mataban, pertenecen a la misma especie a la cual pertenezco: la especie humana. Quizá sea un parentesco incómodo, pero no puedo renegar de él. Ser testigo de un genocidio significa con-

frontarse no solo con el terror de la muerte que nos espera, sino también con la degradación de cada valor humano. Si ignoramos el mal, nos volvemos autores de un silencio culpable».[111]

Hoy se habla mucho de globalización, que segun decía Anthony Giddens en uno de sus últimos libros[112] debe ser acompañada por la liberalización de las tradiciones, dos procesos que caracterizan a Occidente pero que influyen sin duda en el resto del mundo. Ambas realidades deben estar unidas para servir de veras a una verdadera «política de la vida». Un mundo «globalizado», desdibujado por lo macro, donde el hombre concreto y su cultura y tradición particular no tenga cabida, constituiría un «naufragio de lo humano», un aplastamiento de lo particular, lo concreto, que da color y sentido a una existencia verdaderamente humana. El hombre debe permanecer abierto a la diferencia, responsable del «otro», que Tzevan Todorov descubría en... nosotros mismos:

«Podemos descubrir a los otros en nosotros mismos, caer en la cuenta que ninguno de nosotros es una sustancia homogénea y radicalmente extraña a todo cuanto no coincide con el yo: el yo es un «otro». También los otros son un «yo»: ellos son sujetos como yo lo soy, y que únicamente mi punto de vista —por el cual los demás están 'allá' mientras yo estoy 'aquí'— los separa y distingue de mí».[113]

Nos tienen que doler los demás. Solo así podremos enfrentar el futuro sin hacernos culpables del pecado de Caín: «dónde esta tu hermano?». Por eso nos tienen que doler, como en carne propia, las ofensas cometidas contra la dignidad de los seres humanos. No hay

---

[111] Fergal Keane, *Spiritual damage*, The Guardian, 27 de Octubre de 1995.

[112] Anthony Giddens, *Oltre la destra e la sinistra*, Il Mulino, Bologna 1997, pag. 301.

[113] Tzvetan Todorov, *La conquista dell'America (il problema dell' «altro»)*, Einaudi, Torino 1992, pag. 5.

realización humana, portento tecnológico, invento científico o progreso económico que pueda ponerse en parangón con la inalienable dignidad de un solo ser humano. El poder, ese genio que contiene la lámpara de Aladino de nuestros sueños, debe estar a su servicio, o acabará destruyendo al, en apariencia, feliz poseedor de la portentosa lámpara. El hombre, todo hombre, cualquier hombre, «por el hecho de ser un ser humano», como dice el poeta. Por eso, «debemos saber a dónde vamos» y por eso debemos tener el «sentimiento de la justicia». El mundo moral no es otro que este «reino del hermano», del «otro» que me sale al encuentro y no puedo dejar tirado a la orilla del camino, porque es mi prójimo. Decía Raymond Aron que él veía nuestra época, bajo la amenaza nuclear, condenada a la paz, en una situación en la que no habrá catástrofes bélicas, pero en la que no hay progreso moral y por ello no se avanza a la larga... Pero ese no puede ser el ideal de una humanidad que se respete a sí misma. Porque todo avance en cualquier terreno, debe estar supeditado y subordinado a este avance fundamental.

La disidencia, un fenómeno moral.

Como un resumen de todo lo que llevamos diciendo sería bueno meditar en este fenómeno de la disidencia sacando las consecuencias que de él se desprenden. Milosz representa un primer tipo de disidencia que suponía el autoexilio: el intelectual que se atrevía a la denuncia sabía que se exponía a una muerte segura, a la cárcel y por supuesto, al ostracismo político «para siempre». Milosz lo dice con palabras conmovedoras: para un escritor renunciar al idioma natal, a ser leído en su propia cultura y por los suyos, es como la muerte. Es la misma situación que vivirán los primeros políticos disidentes: un Milovan Djilas, por ejemplo. Este político yugoeslavo se enfrentaría al presidente Tito y expondría en un libro que ha devenido en clásico,[114] la

---

[114] «La Nueva Clase» publicado en 1956 por Milovan Djilas, uno de los principales compañeros de Tito y alto dirigente del gobierno y el partido. Milovan Djilas estuvo varios años preso.

realidad del sistema. Ya en ese tiempo, cuando Djilas publica «La Nueva Clase» Tito, a su vez, era considerado un outsiders del sistema soviético y había comenzado con sus reformas cooperativistas del sistema: pero en realidad, seguía siendo un totalitarismo aunque de nuevo cuño, nacionalista.

En Noica nos encontramos con otro tipo de disidencia: la de aquel que permanece dentro del sistema y desde una postura de alejamiento crítico, desde la función misma del pensar y del quehacer propio del intelectual (no podemos olvidar que Noica vivió como un eremita en la montaña, rodeado de unos pocos discípulos, y que su libro escrito en 1964 no sería publicado hasta 1991) se atreve a defender al hombre, creando un espacio intelectual y espiritual para responder y denunciar la inhumanidad del sistema y sus aparatos represivos: tanto los ideológicos como los de la fuerza bruta. La capacidad para despertar el entusiasmo de los jovenes, y formarlos desde una conciencia crítica, incluso desde una perspectiva de fe, profundamente evangélica, esta a la base de esta «acción disidente» y militante, aun si, desde la modestia de aquel que testimonia y vive otro tipo de valores e ideales, que los propuestos o impuestos desde el sistema de poder imperante en la sociedad.

En Havel nos topamos ya al disidente maduro, con plena conciencia de sí mismo y de su misión. La disidencia como fenómeno es, realmente, un fenómeno «postotalitario». Antes se da como anuncio, como profecía, pero no como realidad. Y se explica: el exilio interno o externo es la única puerta de salida para aquel que quiera «disentir». No hay otra salida: el paredón, la cárcel o el exilio. Aun hoy, en mi país, la tercera de estas salidas es la apuesta que hace el gobierno cada vez que alguien quiere comprometerse radicalmente en una actitud disidente consecuente. Se «hecha fuera del saco la papa podrida»: para evitar el contagio! Evidentemente, no es una solución «dialéctica» sino «mecánica» y tiene como finalidad ganar tiempo, un poquito más de tiempo. En Havel la plena conciencia de los mecanismos diabólicos del sistema ha servido para desenmascararlo, dando lugar a una militancia que toca en la raíz la corrupción del sistema mismo. Havel sabe que el secreto esta en la vida, que el sistema niega y trata de destruir: la vida como libertad, la vida como participación del hombre en su propia historia, aquella que mira a la realidad «real» y no a la virtual que impone el sistema. Esta realidad, como plenamente humana, supone el compromiso ético-liberador y el regreso a la dimensión espiritual, a la tradición como legado, como vena profunda, íntimamente vinculada al plano de la fe.

Esta dimensión profunda del asunto nos refiere ya a un nivel praxiológico: cómo se organiza el «mundo de la vida», la vida en la verdad. Sin dudas en este nivel Havel sigue siendo un maestro. La historia ha demostrado como la aparente debilidad disidente es, en realidad, una «fuerza mayor» indetenible. Al final acaba imponiéndose con una lógica mayor y mejor. El mismo salto de Havel, de la cárcel a la presidencia, es la comprobación de «la fuerza de la vida», que renunciando a la violencia, lógica suprema del poder, denuncia y trastoca los principios mismos del sistema. Al quitarle el quicio le quita toda la consistencia. Y devuelve al hombre concreto la posibilidad de la acción. Hay en esto una lección que no debemos descuidar. Hasta los hombres de Iglesia en un sistema totalitario o postotalitario esta tentados a coger el, en apariencias, eficaz camino de la mecánica del poder. Craso error, porque en esto hay solo dos posturas y estas son irreconciliables: o el mundo de la verdad o el de las «apariencias virtuales» de la propaganda y el poder. O el hombre concreto y libre o el sistema abstracto y esclavizador. Y el que juega con este fuego, acaba quemándose en él! Eticamente no hay alternativas.

Lo que no supone que haya que renunciar al diálogo, incluso con aquellos que detentan el poder. El libro de Eliseo Alberto, encuentra aquí su justificación última y su valor esencial. La esencia del sistema es el monólogo. O el falso diálogo desde la lógica del sistema, que es la lógica del poder. Para mí Eliseo Alberto representa a todos los que han sucumbido a la lógica del poder, y como él mismo lo dice con humildad encomiable, se han dejado llevar por el miedo. La gran arma del sistema totalitario, junto con la ideología, como lo hemos visto en la cita de Hanna Arent que inicia este capítulo final. En el diálogo hay un exorcismo del totalitarismo, pues permite dar cauce a las voces que representan el variado y complejo mundo de la vida. Como decía Goethe: «gris es, querido amigo, toda teoría, pero verde el árbol siempre joven de la vida».

Eliseo Alberto muestra y demuestra que el «reciclage» es posible. Que los hombres pueden cambiar y que siempre queda la oportunidad de elegir otro tipo de vida. En «cristiano» le llamamos a esto «conversión» y es siempre el camino que hace posible el «initium salutis»: el comienzo de la salvación. Estamos pues, urgidos a iniciar ese camino que lleva a la salvación a través del cambio profundo de la mente y del corazón.

Quizá, a estas alturas, nos convenga desempolvar al viejo Kant. Hace muchos años, en su librito «La Paz Perpetua» nos diría el autor de la «Crítica de la Razón Pura»:

«Estas diferencias encierran siempre en su seno un germen de odio y un pretexto de guerras. (Se refiere a las diferencias de idioma y religión). Pero con el aumento de la cultura y la paulatina aproximación de los hombre, unidos por principios comunes, conducen a inteligencias de paz, que no se fundan y afirman, como el despotismo, en el cementerio de la libertad y en el quebrantamiento de las energías, sino en un equilibrio de las fuerzas activas, luchando en noble competencia».[115]

Las terribles experiencias que hemos vivido y estamos viviendo en el Siglo XX: el totalitarismo, sea de izquierda o de derecha, ambas guerras mundiales, el hongo atómico, el feroz egoismo de los países ricos, la desidia de los países pobres, en especial de sus gobernantes, esta humanidad que sigue siendo víctima de la violencia, sufriendo la corrupción y viviendo en la apatía moral, de los que no quieren ver, o no quieren hablar, de «los que se callan la boca o se cruzan de brazos en tiempos de crisis» (y a quienes Dante enviaba al Noveno Círculo

---

[115] Enmanuel Kant, *Sobre la Paz Perpetua*, Espasa, Madrid 1933. Pag. 48.

del Infierno: el peor); de aquellos que, como los comunistas cubanos, al decir de una amiga: «están en una disyuntiva: el poder o la patria... y eligen el poder y se cargan la patria». ¿No es esa la disyuntiva en que estamos todos: el poder o los otros? A todos estos, a ti y a mí, nos convendría recordar las palabras que Kant escribiera hace ya doscientos años:

> *«Estamos cultivados en alto grado por el arte y las ciencias. Estamos civilizados hasta la saciedad... Mas para considerarnos moralizados nos falta mucho aún. Pues la idea de la moralidad también forma parte de la cultura... mientras haya Estados que empleen todas sus energías para sus miras orgullosas y violentas de expansión, impidiendo sin cesar la lenta ascensión moral de los súbditos no tenemos que esperar moralidad... Todo bien que no surge de una concepción moralmente buena no es mas que apariencia y miseria, aunque deslumbrante. El género humano permanecerá en esta condición hasta que no se haya librado, en la manera que he dicho, del caos que reina en las instituciones políticas».*[116]

Limonetto, 6 de agosto de 1998.
En el XX aniversario de la muerte de Pablo VI.

---

[116] Enmanuel Kant, citado por Golo Mann y otros, *Historia Universal -El Mundo de Hoy*, Espasa, Madrid 1987, vol II, pag. 711.

CARTA A FIDEL CASTRO
1994

Señor Fidel Castro Ruz, Presidente de la República de Cuba. Estimado señor Presidente:

Una profunda preocupación por la situación por la que atraviesa nuestro pueblo me mueve a escribirle con la esperanza de que usted ponga atención a mis razones, y les dé adecuada respuesta.

Aunque mucha gente sencilla lo disculpa a usted diciendo que no conoce la verdad de lo que esta pasando, yo no comparto esa opinión. ¿Qué es lo que usted no conoce de la desgraciada situación en que viven los casi 11 millones de cubanos que están en la isla? No pretendo, pues, hacerle descubrir lo que ya usted conoce, sino tratar de que vea desde nuevas perspectivas las mismas realidades.

Por mas de 30 anos nuestro país suscribió un tipo de política cuya piedra angular era la violencia. Se justificaba esta política con la presencia a solo 90 millas de un poderoso y tenaz enemigo, los Estados Unidos de Norteamérica. La forma de hacer frente a este poderoso enemigo fue ponernos bajo la égida de la potencia que por años se le enfrentó, la Unión Soviética, pasando a formar parte de la órbita de países que configuraban el bloque socialista liderados por aquella superpotencia.

Mientras la Unión Soviética ayudaba masiva y sostenidamente nuestra economía y apoyaba decisivamente nuestra carrera de armamentos, Cuba fue cayendo en un estado de violencia interna y de profunda represión. Fuera de nuestro país nos vimos envueltos en una serie de enfrentamientos globales que nos colocaban en el vórtice de la violencia planetaria. A través de la guerra y la propaganda nos volvimos maestros y protagonistas del enfrentamiento en diversas partes del mundo pero esa política quedó sin vigencia, sin eficacia, con la desaparición de la Unión Soviética y el bloque socialista. Por bastante tiempo aquella pareció una política eficaz pero en realidad resulto ser una política equivocada.

El utilizar dentro y fuera de nuestro país el odio, la división y la violencia, la sospecha y la enemistad, han sido la causa principal de nuestras pasadas y presentes desgracias. Ahora es cuando lo vemos más claro. La hipertrofia del estado cada vez más poderoso dejó a nuestro pueblo en la indefensión y el silencio. La ausencia e inexistencia de espacios de libertad para que surgieran críticas sanas y criterios alternativos nos hizo rodar por la riesgosa cuesta del volitismo político y la intolerancia social. Sus frutos fueron la hipocresía y el disimulo, la insinceridad y la mentira, y un estado general de amedrentamiento que afectaba a todos en la isla. Este tipo de política dio al traste con nuestra economía, perdimos el sentido de lo que valen las cosas y lo que es peor, las personas. El desprecio por la vida humana es el resultado de la violencia y la represión. Nos acostumbramos a no ganar el pan con el sudor de nuestra frente y a vivir con la mayor dependencia respecto de la ayuda que nos daban los demás. Hemos vivido en la mentira, engañando y engañándonos. Hemos hecho el mal y ese mal se ha volcado contra nosotros, sobre nosotros.

Todos somos responsables, pero nadie lo es en mayor proporción que usted. He oído decir muchas veces que aun los más cercanos a usted le tienen miedo. He oído decir que incluso sus propios hijos han sido rechazados por usted cuando han intentado decirle estas verdades.

Yo sé que los obispos católicos de Cuba, al menos han tratado de razonar con usted sobre estas cuestiones sin ser escuchados. No quiero ni puedo en conciencia permanecer por más tiempo en silencio y por eso le hablo, porque pienso que todavía se pudría rectificar el rumbo y salvar, como usted tantas veces proclama ser sus deseos, a la patria.

En estos momentos, si usted quisiera, pudría existir la posibilidad de lograr un arreglo pacifico y negociado en el seno de nuestro país a través de un dialogo nacional que tenga en cuenta las distintas tendencias dentro del Partido Comunista, los grupos disidentes dentro de la isla, e incluidos también los cubanos de la diáspora. Pudríamos dar paso a una consulta popular, libre y democrática, que en un clima de respeto y tolerancia permitiera oír la voz de todo nuestro pueblo. Si usted encabezara ese proceso respetando plenamente la pureza del juego democrático evitaría el baño de sangre que las actuales circunstancias auguran y presagian, y desgraciadamente harán inevitable.

Aquellos compatriotas nuestros que todavía lo siguen a usted no se negaran a participar y preservar ese proceso si usted es quien lo apoya.

Estoy seguro de que todos los gobiernos del mundo, incluso sus actuales adversarios, mas aun estoy seguro de que todos los hombres de buena voluntad, dentro y fuera de Cuba, apoyaran ese paso. Me temo, sin embargo, que si usted no toma una decisión rápida y en este sentido, quedará usted en la memoria de nuestro pueblo, aun de los que por tantos años han sido sus seguidores, como el más funesto gobernante de la historia de Cuba.

Por otra parte, el pueblo de Cuba es bondadoso y sabe ser generoso, y sabrá reconocer y agradecerle que usted lo haya librado de los horrores de la guerra civil o de la prolongación innecesaria del actual desesperado estado de la nación, olvidando quizás todos los agravios anteriores.

Hace mucho tiempo otro sacerdote cubano, el padre Félix Varela, escribió estas sabias y valientes palabras que ahora hago plenamente mías:

«Cuando la patria peligra y la indolencia insensible de algunos y la execrable perfidia de otros hace que el pueblo duerma y vaya aproximandose a pasos gigantescos a un precipicio, ¿es imprudente levantar la voz y advertir el peligro? Esa es la prudencia de los débiles, mi corazón la desconoce».

Pidiéndole al Señor por usted, y encomendándolo a la Virgen de la Caridad del Cobre, le ruego a usted que acepte las humildes sugerencias de un pobre sacerdote que comparte con su pueblo sus actuales angustias y sus futuras esperanzas.

Servidor de Cristo y de Cuba,

José Conrado Rodríguez,
presbítero de Palma Soriano.

CARTA A RAÚL CASTRO
5 de febrero de 2009[117]

Carta abierta al General del Ejército Raúl Castro Ruz, Presidente de la República de Cuba.

Estimado Señor Presidente:

Hace quince años me atreví a escribirle al entonces jefe del Estado cubano, Doctor Fidel Castro Ruz, por aquel entonces Presidente de nuestro país. La gravedad de aquella hora me lo impuso como un deber para el bien de la Patria. La gravedad de esta hora me impone escribirle a Ud. para hacerle partícipe de mis preocupaciones actuales. ¿Debo acaso describirle la situación de nuestro país? La crisis económica afecta a todos los hogares y hace que las personas vivan angustiosamente preguntándose: ¿qué voy a comer o con qué me voy a vestir? ¿Cómo conseguiré lo más elemental para los míos? Las dificultades de cada día se tornan tan aplastantes que nos mantienen sumidos en la tristeza y la desesperanza. La inseguridad y el sentimiento generalizado de indefensión provocan la amoralidad, la hipocresía y la doble cara. Vale todo porque nada vale, más que la sobrevivencia a todo precio, que luego descubrimos que es «a cualquier precio». De ahí que el sueño de los cubanos, en especial de los más jóvenes, sea abandonar el país.

Parecería que nuestra patria está ante un callejón sin salida. Como hombre de fe, sin embargo, yo creo que Dios jamás nos pone ante situaciones absolutamente desesperadas. Creo firmemente que nuestro

---

[117] El sacerdote católico José Conrado Rodríguez Alegre, de la parroquia Santa Teresita del Niño Jesús en la Arquidiócesis de Santiago de Cuba, ha escrito y hecho pública esta Carta Abierta al General de Ejército Raúl Castro Ruz. Febrero de 2009.

camino como nación y como pueblo, no acaba en un precipicio ineluctable, en una realidad de desgracia irreversible. Siempre hay una solución, pero se necesita audacia para buscarla y encontrarla. En sus recientes y urgidos llamamientos a trabajar con tesón incansable creo reconocer una peculiar y certera percepción de la gravedad del momento, pero también, que Ud. considera que la solución depende de nosotros. Pero como decía aquel slogan convertido en chiste… «No basta decir pa'lante, hay que saber pa' dónde».

Hemos vivido culpando de nuestra realidad al enemigo, o incluso a los amigos: la caída del bloque de países comunistas en Europa del Este, junto con el embargo comercial de los Estados Unidos se han convertido en el totí que carga con todas nuestras culpas. Y esa es una cómoda pero engañosa salida ante el problema. Como decía Miguel de Unamuno, «solemos entretenernos en contarle los pelos que la esfinge tiene en su cola, porque nos da miedo mirarla a los ojos».

No basta, General, con resolver los problemas, ciertamente graves y urgentes, de la comida, o del techo, que en los recientes huracanes, tantos compatriotas acaban de perder «con sus pobres enseres: miedos, penas». Estamos en un momento tan crítico que debemos plantearnos una profunda revisión de nuestros criterios y de nuestras prácticas, de nuestras aspiraciones y de nuestros objetivos. Y aquí cabría, con todo respeto, recordar aquellas palabras que nuestro Apóstol nacional José Martí le escribió al Generalísimo Gómez en una situación en cierto modo semejante: «No se funda un pueblo, general, como se manda un campamento».

El mundo está cambiando. La reciente elección de un ciudadano negro para ocupar la primera magistratura de un país antiguamente reconocido como racista y violador de los derechos civiles de los negros, nos dice que algo está cambiando en este mundo. La encomiable y fraternal preocupación de nuestros hermanos del exilio ante los fenómenos meteorológicos que recientemente han golpeado a nuestro pueblo, y su ayuda generosa, desinteresada e inmediata, son el signo de que algo está cambiando entre nosotros. El gobierno cubano que Ud. hoy encabeza, debe tener la audacia de encarar esos cambios con nuevos criterios y nuevas actitudes.

Nuestro país ha reaccionado con valor cuando un gobierno foráneo ha querido inmiscuirse en nuestros problemas nacionales. Sin embargo, cuando se trata de la violación de los Derechos Humanos, no solo los gobiernos, sino hasta las personas individuales, los simples ciudadanos, de dentro o fuera del país, tienen algo que decir. En su Carta desde la Cárcel de Birminghan, Martin Luther King dijo: «La injusticia particular es una amenaza a la justicia universal. Estamos atrapados en una red ineludible de reciprocidad, unidos en un único tejido del destino. Lo que afecta a uno directamente, afecta a todos indirectamente». Tenemos que tener la enorme valentía de reconocer que en nuestra patria hay una violación constante y no justificable de los Derechos Humanos, que se expresa en la existencia de decenas de presos de conciencia y en el maltrecho ejercicio de las más elementales libertades: de expresión, información, prensa y opinión, y serias limitaciones a la libertad religiosa y política. El no reconocer estas realidades, para nada favorece nuestra vida nacional, y nos hace perder el respeto por nosotros mismos, a nuestros ojos y a los ojos de los demás, amigos o enemigos.

La causa de la paz, interna y externa, y la prosperidad misma de la nación, se enraízan en el respeto incondicional a esos derechos que expresan la suprema dignidad del ser humano como hijo de Dios. Y guardar silencio sobre esta realidad, pone sobre mi conciencia un peso tal, que no me siento capaz de soportar. Y ésta es para mí, mi manera de servir a la verdad y de ser consecuente con el amor que siento por mi pueblo.

Le confieso, general, el disgusto y la tristeza que me ha causado saber que nuestro gobierno ha rechazado, al parecer por razones ideológicas o de diferencias políticas, la ayuda que querían enviar EEUU y varias naciones europeas, para los damnificados por los ciclones que azotaron nuestra tierra. Cuando uno cae en desgracia, (y eso le puede suceder a cualquiera, también a los poderosos), es la hora de aceptar la ayuda que se brinda, porque esa ayuda revela un fondo de buena voluntad ante el dolor, de solidaridad humana, incluso en aquellos que considerábamos nuestros enemigos. Darle la oportunidad al oponente de ser bueno y de hacer lo justo, puede sacar a flote lo mejor de nosotros mismos, y del otro, haciéndonos cambiar viejas actitudes y curar resentimientos dañinos. Nada contribuye más a la paz y la reconciliación entre los pueblos que este saber dar y recibir. La frase de San Francisco de Sales, válida en las relaciones interpersonales, también lo es entre países: «más moscas se cazan con una gota de miel, que con un barril de vinagre». Como dijo su Santidad Juan Pablo II en su visita a nuestro país: «que Cuba se abra al mundo y que el mundo se abra a Cuba». Pero si seguimos con las puertas cerradas nadie podrá entrar, por más que lo desee. Un signo de esperanza para mí es la participación y mayor espacio que se le ha dado a CARITAS para ayudar a nuestro pueblo. Eso merece un especial reconocimiento y es un cambio positivo y esperanzador.

Créame, Señor Presidente, no le escribo para presentarle una lista de quejas y agravios sobre nuestra realidad nacional, aunque si así lo hiciera esa lista podría ser muy, muy larga. La verdad, he querido hablarle de cubano a cubano, de corazón a corazón. Un gran amigo mío sacerdote, ya fallecido, solía decirme: «un hombre vale lo que vale su corazón». En el entierro de su esposa, al verlo a Ud. rodeado de sus hijos y nietos, conmovido hasta las lágrimas, yo percibí que es Ud., un hombre sensible. Y yo pienso que mayor sabiduría hay en el corazón de un hombre bueno que en todos los libros y bibliotecas de este mundo, pues como dice la canción: «lo que puede el sentimiento no lo ha podido el saber, ni el más alto proceder, ni el más ancho pensamiento...». Por eso apelo a su sentido de responsabilidad, a su bondad, para decirle que no tenga miedo, que sea audaz en emprender un nuevo camino diferente en un mundo que está dando tantas señales de cambiar a mejor. Como le dije a su hermano hace 15 años, todos los cubanos somos responsables del futuro de la patria, pero por el cargo que Ud. ocupa, por el poder que ahora tiene, esa responsabilidad recae de manera especial en Ud.

Si Ud. decide emprender ese camino de esperanza, cuente conmigo, general. Me tendrá en primera fila, para ofrecerle a Cuba, una vez más, lo único que tengo: mi corazón; y a Ud. mi mano franca y mi colaboración desinteresada. Así haremos realidad el sueño martiano de hacer una patria «con todos y para el bien de todos».

Quiero terminar con unas palabras que dijo nuestro actual Papa, Benedicto XVI en 1968: «Aún por encima del Papa como expresión de lo vinculante de la autoridad eclesiástica, se haya la propia conciencia, a la que hay que obedecer la primera, si fuera necesario incluso en contra de lo que diga la autoridad eclesiástica». Si eso vale para la autoridad eclesiástica cuyo origen considero divino, vale para toda otra autoridad humana, por poderosa que ésta pueda ser. Con mis mejores votos,

José Conrado Rodríguez Alegre, Pbro.
Párroco de Santa Teresita del Niño Jesús.

SEGUNDA CARTA A RAÚL CASTRO
24 de enero de 2018[118]

A Raúl Castro Ruz en el XX aniversario de la Misa por la Patria presidida por San Juan Pablo II y las palabras de Mons. Pedro Meurice en la Plaza Antonio Maceo de Santiago de Cuba, el 24 de enero de 1998.

El pasado primero de enero se ha conmemorado el 59 aniversario del triunfo de una Revolución. Una Revolución necesaria ante las atrocidades cometidas impunemente por un poder que se había vuelto contra este pueblo. Muchos lucharon y muchos murieron por dar a sus hijos una Cuba donde se pudiera vivir en libertad, en paz y prosperidad.

Hoy, casi seis décadas después, tenemos argumentos suficientes para evaluar qué hemos vivido en nuestra tierra.

Desde la institucionalización del Partido Comunista como el único partido autorizado a existir, nunca se ha permitido a este pueblo alzar una voz diferente, antes bien, toda voz diferente que ha intentado hacerse oír ha sido silenciada.

Este estilo totalitario ha permeado cada capa de la sociedad. Los cubanos saben que no tienen libertad de expresión, se cuidan para decir lo que piensan y sienten, porque viven con miedo, muchas veces incluso, de aquellos con quienes conviven cada día: compañeros de escuela, de trabajo, vecinos, conocidos y familiares. Convivimos en un entramado de mentiras que va desde el hogar hasta las más altas esferas. Decimos y hacemos lo que no creemos ni sentimos, sabiendo que nuestros interlocutores hacen lo mismo. Mentimos para sobrevivir, esperando que algún día este juego termine o aparezca una vía de

---

[118] Tres sacerdotes de la Iglesia católica cubana han llamado al general Raúl Castro, actual gobernante del país, a permitir una apertura en Cuba para lograr cambios en la Isla. Los padres Castor José Álvarez de Devesa, Camagüey, José Conrado Rodríguez Alegre, Trinidad, y Roque Nelvis Morales Fonseca, de la provincia de Holguín, firmaron esa carta

escape en una tierra extranjera. Jesucristo dijo: «la verdad los hará libres». Queremos vivir en la verdad.

El monopolio y control de los medios de comunicación social hace que nadie pueda acceder a medios públicos de comunicación de modo libre. Del mismo modo, no existe, una educación alternativa. Todo niño cubano tiene la obligación de escolarizarse y acceso a la escuela, pero a un solo modelo de escuela, a una sola ideología, a la enseñanza de un único modo de pensar. Los cubanos tienen el derecho a tener alternativas educacionales y opciones para la educación del pensamiento, los padres cubanos tienen el derecho a elegir qué tipo de educación desean para sus hijos.

Es lamentable el desamparo económico que vive este pueblo, obligado por las circunstancias a mendigar la ayuda de familiares que lograron marchar al extranjero o a los extranjeros que nos visitan; a aplicar la justa compensación o a robar todo lo que puede, renombrando al robo con palabras delicadas que ayuden a la conciencia a no mostrarse en toda su crudeza. Muchas familias carecen de una economía mínimamente estable que les permita adquirir serenamente lo básico para vivir. Comer, vestir y calzar a los hijos es un problema cotidiano, el transporte público es un problema, incluso el acceso a muchos medicamentos es un problema. Y en medio de este pueblo que lucha por sobrevivir, se inserta el sufrimiento callado de los ancianos, muchas veces silenciosamente desprotegidos. ¿Cómo se puede decir que es del pueblo, el capital que el pueblo no decide qué se hace con él? ¿Cómo mantener las necesarias instituciones públicas si no se cuenta con los recursos necesarios? ¿Por qué se invita a que vengan extranjeros a invertir con su dinero y no se permite invertir a los cubanos en igualdad de oportunidades? Los cubanos tienen derecho a participar como inversores en la economía y en las negociaciones de nuestra patria.

Y a todo esto se suma la falta de libertad religiosa. La Iglesia es tolerada, pero no deja de ser vigilada y controlada. Se reduce la plena libertad religiosa con una controlada libertad de permisos de culto. Los cristianos pueden reunirse a compartir su fe, pero no les es permitido construir un templo. La Iglesia puede hacer procesiones e incluso misas públicas, pero siempre a condición de un permiso expreso de las autoridades que, de no otorgarlo, no permite apelación ni da explicación. La Iglesia puede alzar su voz en los templos, pero no tiene acceso libre a los medios masivos de comunicación y, en los escasos momentos en que esto ocurre, es siempre bajo censura. Los laicos son censurados cuando intentan aplicar a la práctica política y social su fe.

Esta dinámica social que ha resultado en Cuba, ha olvidado a la persona, su dignidad de hijo de Dios y sus derechos inalienables; casi 60 años después de que este pueblo creyera en un ideal que siempre se pospone y nunca se realiza. Cuando alguien cuestiona, cuando alguien alza la voz, sólo encuentra vulnerabilidad y exclusión.

Queremos un país donde se respete más la vida desde su concepción hasta la muerte natural, donde se fortalezca la unión de la familia y se cuide el matrimonio entre un hombre y una mujer; en el que las pensiones alcancen a nuestros ancianos para vivir; en el que los profesionales puedan vivir dignamente con sus salarios; en el que los ciudadanos puedan convertirse en empresarios y haya más libertad de trabajo y contratación para los deportistas y artistas. Los jóvenes cubanos deberían encontrar posibilidades de trabajo que les permita desarrollar sus talentos y capacidades aquí y no vean como única salida irse de Cuba.

Tenemos una legalidad supeditada a un poder, la ausencia de un «Estado de Derecho». Se hace imprescindible la clara distinción e independencia de los tres poderes: ejecutivo, legislativo y judicial. Queremos que nuestros jueces no sean presionados, que la ley sea orden, que la ilegalidad no sea una manera de subsistir o un arma de dominio. Que nuestro Capitolio se llene de legisladores que, con pleno poder, representen los intereses de sus electores.

Nuestro pueblo está desanimado y cansado, existe un estancamiento que se resume en dos palabras: sobrevivir o escapar. Los cubanos necesitan vivir la alegría de «pensar y hablar sin hipocresía» con distintos criterios políticos. Estamos cansados de esperar, cansados de huir, cansados de escondernos. Queremos vivir nuestra propia vida.

Esta carta tiene también un propósito, que es un derecho: Queremos elegir en libertad. En Cuba hay votaciones, no elecciones. Urgen elecciones donde podamos decidir no sólo nuestro futuro, sino también nuestro presente. Ahora se nos invita a «votar», a decir «sí» a lo que ya existe y no hay voluntad de cambiar. Elegir implica, de por sí, opciones diferentes, elegir implica la posibilidad de tomar varios caminos.

Si escribimos esta carta es para evitar que un día, por alguna circunstancia, Cuba se sumerja en cambios violentos que sólo añadirían más sufrimiento inútil. Todavía tenemos tiempo de hacer un proceso progresivo hacia una pluralidad de opciones que permita un cambio favorable para todos. Pero el tiempo se acaba, apremia abrir la puerta.

De nada sirve ocultar la verdad. De nada sirve fingir que no pasa nada. De nada sirve aferrarse al poder. Nuestro Maestro Jesucristo nos dice a los cubanos hoy: «¿De qué le sirve al hombre ganar el mundo entero, si arruina su vida?» Estamos a tiempo de construir una realidad diferente. Estamos a tiempo de hacer una Cuba como la deseaba Martí: «con todos y para el bien de todos».

A la intercesión de la Virgen de la Caridad, Patrona de Cuba, nos encomendamos. Ella, Madre de todos los cubanos, interceda ante el Señor de la historia que, como dijo en Cuba, Su Santidad Benedicto XVI: «Dios no solo respeta la libertad humana, sino que parece necesitarla», para que podamos elegir siempre el bien mayor para todos.

Padre Castor José Álvarez de Devesa, Cura del Modelo, Camagüey,
Padre José Conrado Rodríguez Alegre, Párroco de San Francisco de Paula, Trinidad, Cienfuegos,
Padre Roque Nelvis Morales Fonseca, Párroco de Cueto, Holguín,

Cuba, 24 de enero de 2018

JOSÉ MARTÍ (1853-1895)

Otros libros publicados en la
COLECCIÓN FÉLIX VARELA
(Obras de pensamiento cristiano y cubano)

1) 815-2   MEMORIAS DE JESÚS DE NAZARET, José Paulos
2) 833-0   CUBA: HISTORIA DE LA EDUCACIÓN CATÓLICA 1582-1961 (2 vols.), Teresa Fernández Soneira
3) 842-x   EL HABANERO, Félix Varela (con un estudio de José M. Hernández e introducción por Mons. Agustín Román)
4) 867-5   MENSAJERO DE LA PAZ Y LA ESPERANZA (Visita de Su Santidad Juan Pablo II a Cuba). Con homilías de S.E. Cardenal Jaime Ortega y Alamino, D.D.
5) 871-3   LA SONRISA DISIDENTE (Itinerario de una conversión), Dora Amador
6) 885-3   MI CRUZ LLENA DE ROSAS (Cartas a Sandra, mi hija enferma), Xiomara J. Pagés
7) 888-8   UNA PIZCA DE SAL I, Xiomara J. Pagés
8) 892-6   SECTAS, CULTOS Y SINCRETISMOS, Juan J. Sosa
9) 897-7   LA NACIÓN CUBANA: ESENCIA Y EXISTENCIA, Instituto Jacques Maritain de Cuba
10) 903-5   UNA PIZCA DE SAL II, Xiomara J. Pagés
11) 921-3   FRASES DE SABIDURÍA (Ideario), Félix Varela (Edición de Rafael B. Abislaimán)
12) 924-8   LA MUJER CUBANA: HISTORIA E INFRAHISTORIA, Instituto Jacques Maritain de Cuba
13) 941-8   EL SANTERO CUBANO. Religiones Afrocubanas y Fe Cristiana, P. Raúl Fernández Dago
14) 948-5   GOTITAS DE FE, Xiomara J. Pagés
15) 956-7   FÉLIX VARELA PARA TODOS / FÉLIX VARELA FOR ALL (1788-1853). LA PERSONA, SU MUNDO Y SU LEGADO / THE PERSON, HIS WORLD AND HIS LEGACY. Rafael B. Abislaimán
16) 981-7   CON LA ESTRELLA Y LA CRUZ — HISTORIA DE LA FEDERACIÓN DE LAS JUVENTUDES DE ACCIÓN CATÓLICA CUBANA (2 vols.), Teresa Fernández Soneira

17) 985-x   HISTORIA DE LA IGLESIA CATÓLICA EN CUBA (2 vols.), Monseñor Ramón Suárez Polcari
18) 998-1   EL PROYECTO VARELA, Alberto Muller
19) 334-7   EL DESAFÍO DE LA SÁBANA SANTA, Instituto de Solidaridad Cristiana
20) 8-002-2 APUNTES DE ESPIRITUALIDAD IGNACIANA (De algunas conferencias, meditaciones y pláticas de Ejercicios Espirituales), Federico Arvesú, S.J, M.D.
21) 8-010-3 EPISCOPOLOGIO CUBANO II. MIGUEL RAMÍREZ DE SALAMANCA, SEGUNDO OBISPO DE CUBA 1527-1534, P. Reynerio Lebroc Martínez
23) 8-017-0 LA REAL Y PONTIFICIA UNIVERSIDAD DE SAN GERÓNIMO DE LA HABANA: FRAGUA DE LA NACIÓN CUBANA, Salvador Larrúa Guedes
24) 8-032-4 IGLESIA CATÓLICA Y NACIONALIDAD CUBANA (Memorias de los cuatro Encuentros Nacionales de Historia convocados por la Comisión Nacional de Pastoral de Cultura de la Conferencia de Obispos Católicos de Cuba, celebrados en la ciudad de Camagüey, Cuba). Editor Joaquín Estrada Montalván.
25) 8-033-2 CUBA: LIBERTAD Y RESPONSABILIDAD, DESAFÍOS Y PROYECTOS, Dagoberto Valdés-Hernández (Edición de Gerardo E. Martínez-Solanas)
26) 8-040-5 FÉLIX VARELA: PORTA-ANTORCHA DE CUBA, Josephn y Helen M. McCadden. Edición de Amalia V. de la Torre. Traducción de Ignacio R. M. Galbis
27) 8-041-3 UNA FE QUE ABRE CAMINOS, Araceli Cantero-Guibert
28) 8-048-0 EN LA BÚSQUEDA DE LA FELICIDAD, Ernesto Fernández-Travieso, S.J.
29) 8-075-8 FÉLIX VARELA: PROFUNDIDAD MANIFIESTA I Primeros Años de la Vida del Padre Félix Varela Morales: Infancia, adolescencia, Juventud. (1788-1821), P. Fidel Rodríguez
30) 8-080-4 SÍGUEME. EJERCICIOS ESPIRITUALES PREDICADOS, Padre Amando Llorente, S.J.

31) 8-091-x EN LA BÚSQUEDA DE LA FELICIDAD, P. Ernesto Fernández-Travieso, S.J. Segunda edición corregida y ampliada.
32) 8-095-2 MISCELÁNEA CUBANA, Instituto Jacques Maritain de Cuba
33) 8-097-9 ACU. 75 ANIVERSARIO A.M.D.G., Salvador E. Subirá / Historia de la Agrupación Católica Universitaria, La Habana.
34) 8-104-5 PARA NO SER UN RINOCERONTE MÁS, Ernesto Fernández Travieso, S.J.
35) 8-120-7 PEREGRINANDO A SAN AGUSTÍN. AL ENCUENTRO DEL PADRE FÉLIX VARELA
36) 8-128-3 DISCOVER YOUR CHARACTER, Marcelino García, S.J.
37) 8-130-4 EL ISLAM VISTO POR UN CRISTIANO, Efrén Córdova
38) 8-139-9 NIÑOS QUE TRIUNFAN / LEADING CHILDREN TO SUCCES. CENTRO MATER. Su historia y sus colaboradores, Teresa Fernández Soneira (Edición bilingüe: español-inglés).
39) 8-150-9 EPISCOPOLOGIO CUBANO III: DIEGO DE SARMENTO, TERCER OBISPO DE CUBA, 1535-1547, P. Reynerio Lebroc Martínez / OBRA COMPLETA: ISBN-13: 978-1-59388-151-1
40) 8-155-9 MÁRTIR DE GUAJAIBÓN. HOMENAJE A JULIÁN MARTÍNEZ INCLÁN / MARTYR OF GUAJAIBÓN. TRIBUTE TO JULIÁN MARTÍNEZ INCLÁN, José M. González-Llorente (Ed.). Edición bilingüe español e inglés. Traducción al inglés de Modesto Alonso.
41) 8-159-2 IN THE PURSUIT OF HAPPINESS, P. Ernesto Fernández-Travieso, S.J.
42) 8-185-1 LA PSICOLOGÍA DEL BIENESTAR, Jorge Salazar-Carrillo
43) 8-215-1 HISTORIA DE LA VIRGEN DE LA CARIDAD, Salvador Larrúa Guedes
44) 8-220-3 PADRE PANCHITO ORTIZ. SACERDOTE Y MÉDICO, P. Raúl Rodríguez-Dago (Ed.)

45) 8-226-2   JUANÍN. JUAN PEREIRA VARELA, Cecilia La Villa (Ed.)
46) 8-238-6   ACUERDOS, DESACUERDOS Y RECUERDOS, José Ignacio Rasco
47) 8-242-4   UNA PALABRA MÁS FUERTE. LOS ESCRITOS DE MONSEÑOR AGUSTÍN ROMÁN, Julio Estorino (Ed.)
48) 8-270-x   ANTE EL AUTO DE FE DE PEDRO BERRUGUETE, Juan de Isasa
49) 8-278-5   TOPOS Y CUBA, LA ISLA DE CORCHO. DIÁLOGOS ENTRE CUBANOS, Guarioné M. Díaz
50) 8-258-0   MONSEÑOR AGUSTÍN ROMÁN, GUÍA ESPIRITUAL DE LOS CUBANOS, Salvador Larrúa Guedes
51) 8-264-5   MY LASTING MEMORIES, Henry Pujol
52) *8-285-8*   *PIDO LA PALABRA. Opiniones en La Habana*, Orlando Márquez
53) 8-287-4   SUEÑOS Y PESADILLAS DE UN CURA EN CUBA / ¿EL FUTURO DE LA IGLESIA EN CUBA? P. José Conrado Rodríguez
54) 8-292-1   NORMITA SUÁREZ y JESÚS ALVARIÑO: TRAYECTORIA Y LEGADO. PRECURSORES DE LA RADIO Y TELEVISIÓN EN CUBA Y LATINOAMÉRICA, Lourdes Alvariño Castiñeira (ED.)
55) 8-295-5   RESISTENCIA Y SUMISIÓN EN CUBA. Notas para un estudio del fenómeno de la disidencia en los países totalitarios y post totalitarios, P. José Conrado Rodríguez
56) 8-296-3   MY STORY: Family, Cuba & Living the American Dream, José María de Lasa
57) 8-305-6   BIOGRAFÍA DE UN HOMBRE DE DIOS. La vida de Monseñor Agustín Román, Julio Estorino
58) 8-306-4   BREVE HISTORIA DE LA IGLESIA CATÓLICA EN CUBA. Colonia y República: 1511-1958, Manuel Pablo Maza Miguel, S.J.

59) 8-308-0   RESISTENCIA Y SUMISIÓN EN CUBA. Notas para un estudio del fenómeno de la disidencia en los países totalitarios y post totalitarios, P. José Conrado Rodríguez (Segunda edición 2019, revisada y ampliada)

www.ingramcontent.com/pod-product-compliance
Lightning Source LLC
Chambersburg PA
CBHW030519080526
44586CB00011B/260